事業再生研究叢書 18

中小企業等の健全な経営に関する新しいガイドラインの課題と展望

事業再生研究機構［編］

商事法務

はしがき

　本書は、事業再生研究機構（以下、「機構」という）に設けられた新ガイドライン研究会（座長は三森仁専務理事）が、2019年5月25日（土）の機構のシンポジウムにおいて発表した内容をとりまとめたものである。

　機構の2018年のシンポジウムのテーマは「中小企業の事業承継と事業再生」であったが（このシンポの内容も既に事業再生研究叢書17として刊行済みである）、このシンポジウムの中に「中小企業版私的整理ガイドライン」の提言という報告があり、シンポジウム実施後の来場者のアンケートにおいてその報告に対する反響が大きかった。そこで機構では、2018年の6月と7月に、「中小企業版私的整理ガイドライン」を軸とする研究の可能性を探るべく企画会議を開催し、研究の深化を期待できるという判断をした上で、同年の8月末に上記研究会を立ち上げ、以後ほぼ1ヶ月に1回というハイペースで、2019年5月まで研究会を計10回実施した。ガイドラインの対象を私的整理（債務整理）の局面に限るのは適切ではなく、中小企業の平時における経営健全化の取り組みをも取り込むことが肝要であるとの認識がメンバーの間で共有されたことから、テーマを中小企業等の健全な経営に関するガイドライン（仮）とするに至った。

　本書の内容については、本文をお読み頂ければよいので、ここで逐一紹介することはしないが、2019年のシンポジウムあるいは新ガイドライン研究会の特徴について一言しておきたい。その特徴とは、メンバーの多様性である。従来の機構のシンポジウムにおいては、登壇者が全員弁護士であるとか、弁護士と研究者だけということも珍しくなかった。しかし、今回のメンバーには、中小企業再生支援全国本部、金融機関、公認会計士・税理士、弁護士が含まれていて、極めて多様性に富んでいる。このことは、少なくとも次の2つのことを意味するように思われる。第1に、事業再生というのは、単に法的な現象ではなく、経営、金融、会

計そして税務が複雑に絡み合う多面的な現象であり、多様なアプローチをしないと本質に迫れないということである。平常時の経営健全化を視野に入れるとしても、このことは等しく当てはまるであろう。第2に、(いささか宣伝めいて恐縮であるが)機構は、そのような多様な人材が集う場であるということである。異なる職種の人が相対で接する機会はそれなりにあろうが、多様な属性の関係者が一遍に集まれるというのは貴重であるように思われる。

　研究会の運営及び本書の刊行については、機構の事務局の根生美由紀氏及び株式会社商事法務の櫨元ちづる氏に大変にお世話になった。機構を代表して心より御礼申し上げる。本書が、今後の議論の発展に寄与することを大いに期待したい。

2019年9月
東京大学大学院法学政治学研究科教授／事業再生研究機構代表理事

松下　淳一

❀ 目　次 ❀

第1部　中小企業の事業再生の今後

基調報告1
「（仮称）中小企業等の健全な経営に関する
ガイドライン」創設への期待
──事業再生研究機構における研究活動報告

中小企業再生支援全国本部 顧問　**藤原　敬三**

基調報告 2 - 1
中小企業等の平時における経営健全化と支援の取組み

多摩信用金庫 融資部部長　和田　　栄

基調報告 2 - 2
中小企業等の平時における経営健全化と支援の取組み

TKC全国政経研究会政策審議委員長／税理士・公認会計士　久田　英詞

第2部　パネルディスカッション「中小企業等の健全な経営に関するガイドライン（仮）」

パネルディスカッション【Part1】
平時における経営健全化の取組み

〈パネリスト〉

多摩信用金庫　融資部部長	和田	栄
日本商工会議所　中小企業振興部　主任調査役	鎌田	藤胤
公認会計士・税理士	河原万千子	
弁護士	髙井	章光
中小企業再生支援全国本部　統括PM	賀須井章人	

〈コーディネーター〉　弁護士／事業再生研究機構代表理事　小林　信明

パネルディスカッション【Part2】
中小企業の主債務（企業の債務）の整理のあり方

〈パネリスト〉　常陽銀行 融資審査部・企業経営支援室長　**中野　崇之**
　　　　　　　　　　　　　　　　　　　　弁護士　**髙井　章光**
　　　　　　　　中小企業再生支援全国本部 顧問　**藤原　敬三**
〈コーディネーター〉　弁護士／事業再生研究機構代表理事　**小林　信明**

資料編

第1部

中小企業の事業再生の今後

基調報告1

「（仮称）中小企業等の健全な経営に関するガイドライン」創設への期待
——事業再生研究機構における研究活動報告

中小企業再生支援全国本部 顧問　藤原　敬三

　本稿は、事業再生研究機構2019年度の研究活動報告であり、令和元年5月25日に開催された事業再生研究機構主催のシンポジウムでの筆者の基調報告を基にしたものである。基調報告では、事業再生研究機構における研究活動の発表という形式を取らせていただいたが、本稿では、基調報告では紹介できなかった部分も含めて述べさせていただく。

　なお、研究活動の紹介については、研究会の議事録も参考にして可能な限り客観的な報告としたつもりである。ただし、理解を深めていただくために一部筆者個人の意見を加えているが、それらは筆者の属する組織の意見ではないことをお断りしておく。

Ⅰ　はじめに

　昨年のシンポジウムでは「中小企業の事業承継と事業再生」をテーマに行われたが、筆者はそこで「『中小企業版私的整理ガイドライン』の提言」と題して基調講演をさせていただいた。この講演に関して、シンポジウム後のアンケートにおいて参加者の方々から趣旨に賛同する旨の多くの声をいただいたことを受け、「新ガイドライン」の実現に向けての事業再生研究機構の役割として、まずは2019年度の研究テーマとして採り上げることにしたという経緯がある。今回は、その研究会における活動内容を紹介するとともに、研究の過程で浮き彫りとなった多くの課

題について整理し、それらの課題解決に向けての取組みとして実施した関係各方面へのアンケート結果の紹介と解説を行う。

Ⅱ　研究活動の紹介

　平成30年5月のシンポジウムのアンケート結果を受けて、事業再生研究機構として次年度の研究テーマを「新ガイドライン」に絞り込み、6月・7月と2回の準備会を経て、8月より第1回研究会を開催することとなった。以下、第1ステージ、第2ステージに分けて活動内容を紹介して行く。

1　第1ステージ

第1回　平成30年8月開催
　○平成30年5月のシンポジウムでの提言「中小企業版私的整理ガイドライン」の要点整理とその必要性等についての再確認。
　○「新ガイドライン」の柱の一つとなる「中小企業の平時からの経営改善への取組み」に関して、地域金融機関と顧問税理士との関係、TKCとしての様々な取組み、「書面添付制度」の有用性等について、TKCにヒヤリング実施。
　○「新ガイドライン」全体像の検討。(小規模企業への考え方)
第2回　9月開催
　○地域中小企業再生に関する現状の課題について、埼玉りそな銀行にヒヤリング実施。厳しい金融環境、人材不足、税理士や弁護士等外部専門家の活用、再生支援協議会等外部支援機関の活用、停止条件付き保証制度等。
　○TKCモニタリング情報サービス、書面添付制度に関する意見交換。
　○「新ガイドライン」の素案策定による網羅的分析と検討。

第3回　10月開催

○再生支援協議会を利用した事業再生体験について、玉寿司・中野里社長にヒヤリング実施。当時、経営者保証ガイドラインはなかったが、実質的に同様の対応が得られた。再生計画の同意成立までは、苦しいながらも大変貴重な経験をしたと受け止めており、再出発後は極めて順調な経営状態を維持している。なお、再生支援協議会と金融機関に対しては、決算報告及び経営状況の報告を10年以上継続して実施。

○平時における金融機関との取引に関しては、そもそも窮境に至った原因がバブル期の多額の不動産投資であったこと、さらには粉飾決算もなかったことなどから、金融機関との信頼関係に問題はなかったことも再生成功の要因の一つ。

○「新ガイドライン」の素案策定による網羅的分析と検討。

第4回　11月開催

○多摩信用金庫より、地域の中小企業に対して、創業、成長、事業再生、事業承継等の各ライフステージに沿って実施する支援と、事業性評価への取組みや税理士との連携についてのヒヤリング。

○地域中小企業との信頼関係を重視、時には再生支援協議会に相談に行くよう経営者の背中を押すなど、優しくも強い話合いを実施。

○企業の経営支援のために外部専門家の活用やTKCモニタリング情報サービスを利用。再生支援協議会の利用は全国でもトップクラスだが、比較的早期段階での利用や暫定リスケの有効活用も多い。

○「新ガイドライン」策定に当たっての論点整理。

第5回　12月開催

○「新ガイドライン」策定に当たっての論点整理。

> ○「新ガイドライン」成立に向けての研究会の役割の整理検討。
> ○関係各方面からの意見を聞く手段として、アンケート活用を検討。

（第1ステージのまとめ）

　研究会では、「新ガイドライン」の全体像の検討だけでなく、新ガイドラインの素案として条文の作成に取り組み、その構成から細部にわたるまで検討された。しかし、議論を尽くしコンセンサスをとっていくべき様々な課題がある段階で条文を含む素案を示すことは、余りにも乱暴であり今後の議論を待つべきであるとの判断から、素案を示さないこととした。ついては、研究会で浮き彫りとなった様々な論点や課題を整理すると同時に、専門家及び金融機関へのアンケートを実施してその結果を併せて公表することにより研究会の成果を報告し、行政機関も含めた関係各方面に新ガイドラインの実現に向けた役割を繋ぐこととした。

2　第2ステージ

第6回　平成31年1月開催
　○研究会としての目標の再確認と成果発表のイメージの調整。
　　⇒「新ガイドラインの成立に向けた基礎研究と課題の整理」発表
　○論点・課題の整理と実施するアンケート内容の詳細検討。
第7回　2月開催
　○東京商工会議所が実施した会員企業向けアンケートに関しての、日本商工会議所へのヒヤリングの実施と意見交換。
　○アンケート項目の確定及び依頼先の確定、同時にアンケート送付。
第8回　3月開催
　○地方銀行の経営支援の取組みの歴史と現状について、常陽銀行

にヒヤリング実施。

○アンケート集計結果の中間報告。

○アンケート集計結果の分析。

○「シンポジウム」概要の確定。

第9回　4月開催

○アンケート結果の分析を踏まえた課題の再整理。

○意見の分かれる論点を中心に、パネルディスカッションのテーマとする。

第10回　5月開催

○シンポジウムに向けての詳細確認。

○パネルディスカッション登壇者間による意見交換。

Ⅲ　研究活動のまとめ

　以上、準備会を含め計12回の研究会を開催し議論を重ねた。その内容を改めて整理すると、前半はまず、昨年のシンポジウムでの提言「中小企業版私的整理ガイドライン」の要点整理を通して新たなガイドライン策定の必要性は本当にあるのかどうかというところからスタートした。

　そして、その新しいガイドラインの全体像を検討する一方で、網羅的な分析というか、細部にわたるところまで検討するために、素案作りも行った。また、税理士、信用金庫、再生を果たした企業経営者等へのヒヤリングを通して、中小企業の再生、経営改善に向けた現場の実状把握を行った。

　このようなステップを踏んだうえで、新しいガイドライン策定に当たっての様々な課題を整理し、幾つかの論点整理を行うに至った。これが前半、第1ステージである。

　続いては、年が明けてからの第2ステージに入り、「新ガイドライン」の成立に向けての研究会の役割と目指す成果目標に関して、「新ガイドラインの成立に向けた基礎研究と課題の整理」と定め、その研究成

果をシンポジウムで発表することにより、「新ガイドライン」の成立に向けた流れを行政に繋ぐ役割を果たすこととした。

　さて、これらの研究成果を有意義なものにするためには、研究会のメンバーだけではなく、多方面とりわけ多くの金融機関に対してのアンケートが欠かせないと考えた。ついては、アンケート内容を充実させるために、多くの中小企業経営者の声を聞くべく、東京商工会議所が会員向けにアンケートを実施したところでもあったことから、その集計結果等について、日本商工会議所からの解説を受けた。これらの過程を経て、アンケート内容が確定することになった。以上が研究活動の概要である。

Ⅳ　研究会の主要な論点

　ここからは、研究会における主要な論点について解説する。

1　新ガイドラインと既存のガイドラインとの関係

　下記【表】は、横軸を主債務と保証債務に分け、縦軸を大企業から中小企業、小規模事業者、個人としている。このマトリックスの中で、私的整理ガイドラインが、大企業の有事の局面について既に作られており、また2013年には経営者保証に関するガイドラインが作られている。なお、この保証債務のガイドラインは当然のことながら、大企業ではなくて中小企業に関するものである。さらに、経営者保証ガイドラインは入口と出口と分けて整理されているが、入口とは中小企業の平時の局面、出口とは有事の局面と整理でき、そのいずれの場合にも、利用資格として「正確な決算」と「誠実な対応」が掲げられている。つまり、これを条件に、会社が倒産もしくは再生に至った場合にも、個人保証に基づいて経営者個人が破産する事態を回避でき、さらには、早期に再生もしくは破産したことにより金融機関、債権者もロスが少なくて済んだと計算できる範囲内（経済合理性）で、経営者の早期の再生もしくは破産の決断に報いるために、インセンティブ資産と定義した一定の生計費

【表】ガイドラインの整備状況と未整備ゾーンに期待するガイドライン
　　　に関する筆者のイメージ

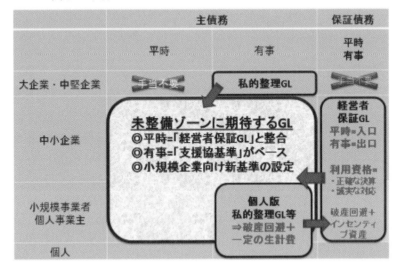

や、自宅などを残すことも考えようというのが経営者保証ガイドライン
である。
　さて、この表全体をみると、この保証債務と表裏一体の関係にある
中小企業の主債務に関するガイドラインがないことに気が付く。さらに
は、この経営者保証ガイドラインは、平時に重点を置いて書かれてお
り、平時から正確な決算と誠実な対応（情報開示）をしていることが、
ガイドラインの利用資格であるとされている。しかし、正確な決算・誠
実な対応（情報開示）というものは平時における企業と金融機関との取
引、すなわち主債務に関する企業と金融機関との在り方の問題である。
経営者保証ガイドラインの普及が決して十分とは言えない状況下、これ
を十分に機能させるためには、この主債務に関してのガイドラインが必
要なのではないだろうか。
　なお、これらは平時に関する話であるが、有事に関しても主債務に関
するガイドラインは必要と考える。このゾーンには、既に中小企業再

生支援協議会があるではないかという声もあるが、これは再生支援協議会を利用するごく限られた企業だけを対象としたルール、準則でしかない。経営状況に何らかの課題を抱えている中小企業は、100万社を超えるレベルであることは間違いない。それら全てを再生支援協議会で対応することは不可能であることから、再生支援協議会以外の場で再生を目指す場合にも適用される共通の考え方、基準が必要なのである。

2　論点整理

(1)　新ガイドラインの名称

今回目指すガイドラインは、有事だけではなく平時のところまで考えなければいけない。そうだとすると、ガイドラインの名称はイメージの点でも重要である。有事における債務整理ではなく、平時における健全経営に力点を置いた名称が相応しいのではないかという声が多かった。

(2)　「平時」と「有事」の２つのステージに分けた「準則」の考え方

平時の準則というと、違和感があるかもしれない。しかし、経営者保証ガイドラインでは担保・保証に過度に依存しない融資の普及ということがうたわれており、入口つまり平時における主債務に関する銀行と中小企業との取引の在り方にも触れられている。とはいえ、あくまで保証債務に関するガイドラインであり、主債務に関するガイドラインではないことから、まさに触れられている程度である。

経営者保証ガイドラインは、保証債務に関するガイドラインなので、主債務に関する在り方の問題である「正確な決算」と「誠実な対応（情報開示）」というものを具体的には示していない。ここを具体的に示さないままでは、経営者保証ガイドラインは万全とは言い難いのだが、とはいえ、これは主債務の範疇なのであり、主債務に関するガイドラインにおいて具体的に規定するのが筋であろう。

(3)　「経営者保証ガイドライン」と「複数の準則型私的整理手続」との関係

経営者保証ガイドラインと、既にある複数の準則、再生支援協議会、

ADR、そして特定調停も含まれるが、これらの手続との関係をどう整理するのか。複雑に絡み合うような関係になってもいけない。それらを包含して「中小企業の健全な経営の在り方」を示す道しるべとなるようなガイドラインが良いのではないか。そして、さらには国のいろいろな支援制度を適切に活用するよう誘導するようなガイドラインにできれば良い。

(4)　小規模企業の「健全経営」の目安と「有事」における私的整理の考え方

　小規模企業についてどう考えるのだろうか。特に小規模企業の健全経営の目安は何だろう。全企業の99.7％が中小企業と言われるが、実は85％は小規模企業であるという状況において、この巨大なゾーンに対する「健全経営」の目安がないのである。さらには、「有事」における私的整理についても、この巨大なゾーンである小規模企業に適した考え方、基準を作るべきではないか。

3　アンケート結果の分析

　研究会では、ここまで整理し検討してきた様々な論点や浮き彫りになってきた多くの課題等に関して、アンケートを実施することとした。極めて短期間のアンケートではあったが、509もの機関から回答が得られた。回答者の内訳は、金融機関・信用保証協会で416、税理士で46となっている（115頁）。

　ここで興味深いのは金融機関である。金融機関の数は500強、その8割以上からの回答が得られており、さらに無記名でのアンケートであることを勘案すると、このアンケート結果は、多くの金融機関の生の声であり、金融機関全体の考え方を反映しているともいえる。そういう意味で極めて貴重である。

（アンケート結果の紹介）

　別紙のアンケート集計結果（**巻末資料**参照）に沿って、順次解説を行う。

> **1．中小企業・小規模事業者の事業再生・事業清算に関する質問**
> (1) 中小企業・小規模事業者数は357.8万社（2016年6月時点）であり、現在も事業者数の減少が続いているが、事業再生・事業清算の必要な中小企業者の状況についてどのように考えるか。

　現在も再生や、経営改善が必要な中小企業は多数いるかという点に関しては、大多数がそう考えていることが確認された。

> (2) 中小企業者の早期の事業再生・事業清算が十分に進んでいないとの見解があるが、これについてどう考えるか。

　中小企業者の早期の事業再生・事業清算が十分に進んでいないという見解についても、同様に大多数がそう考えており、これも違和感はないところである。

> (3) 中小企業者の早期の事業再生・事業清算が思うように進んでいない主な要因は何か。

　思うように進んでいない理由、原因については、大多数というよりほぼ全員が事業者側、金融機関側双方に問題があるとして捉えている。

> (4) 事業者側の要因と思われるものはどれか。

　その内、事業者側の要因と思われるその中身については、圧倒的に「経営者の経営に関しての問題意識が低い」という回答となっている。これは違和感がないところであるが、興味深いのは、「金融機関との信頼関係が構築できていない（コミュニケーション不足）」という回答も約5割に上っていることである。金融機関が十分自覚しているというところが非常に興味深いところかと思う。

---

(5)　金融機関側の要因と思われるものはどれか。

　次に、金融機関側の要因については、一番多いものが「支援ノウハウ・支援人材の不足」、これも金融機関自身による回答であり、金融機関の苦悩が見えてくる。

---

(6)　準則型の私的整理手続として現在の制度（特に中小企業再生
　　　支援協議会）で十分と思うか。

　準則型の私的整理手続として既に再生支援協議会があるが、これで十分だと思うかという質問に関して、「再生支援協議会だけで十分」「再生支援協議会だけでは不十分」という回答が大体半々に分かれた。これも興味深い。再生支援協議会の中に身を置く筆者としては、再生支援協議会が金融機関に相当程度浸透していると感じたところであるが、自分自身としては不十分だと考えていることもあり、非常に興味深い回答であった。

---

(7)　現在の制度だけでは不十分とする理由は。

　現在の制度だけでは不十分とするその理由、根拠についての質問であるが、大きく2つ、「何とかしなければいけない企業の数からすれば、再生支援協議会だけでは対応できない」「再生支援協議会は地域によってばらつきもあることから、別の制度が必要」といった回答であり、これも違和感はない。

---

(8)　中小企業者向けの私的整理ガイドライン策定の必要性につい
　　　てどう思うか。

　中小企業者向けの私的整理ガイドライン策定の必要性はあるかという

漠然とした質問だが、「そう思う」「まあそう思う」という回答が大半であり、何となく必要ではないかと感じているということではないか。

> (9) 中小企業者向けの私的整理ガイドライン策定を必要と考える
> 　理由として近いものは。

　中小企業者向けの私的整理ガイドラインの策定が必要と考える理由については、「既存の準則型私的整理手続では対処しきれない中小企業・小規模事業者について幅広く対応できるガイドラインが必要」という回答と「債務整理局面だけでなく、平常時においてのガイドラインが必要である」という回答が目立つが、とくに後者の理由が多いことが興味深い。この回答から、金融機関としては、平時の段階から何とかしなければならないという意識を強く持っているということが読み取れる。

> 2．平常時における中小企業等の在り方に関する質問
> 　(1) 中小企業者に求める「正確な決算」「誠実な対応（情報開示）」
> 　のレベル感は。

　中小企業者に求める「正確な決算」と「誠実な対応（情報開示）」のレベル感についての質問だが、その回答から金融機関の現場の考えが読み取れる。回答の選択肢は、左から「決算書のみ」、その次は「申告書一式」、3番目はそれに「預金残高の証明書、借入金残高の証明書」が必要、そして4番目はさらに「資金繰り表」を添付するというもの。そして、金融機関からの回答は、圧倒的に4番目の資金繰り表まで欲しいというものであった。つまり、決算書だけでは不十分、税務申告書一式は最低限、それに残高証明書の添付を求めている。これは、いかに銀行が粉飾決算による被害を受けているのかを表しているとも感じられる。しかし、それだけではなく、資金繰りというところに重点を置いているということも興味深い。

> (2) (ア)　減価償却不足や長期滞留売掛金、長期滞留在庫の計上は
> 不適切ではあるものの、経営者保証ガイドラインの適用を
> 否定する粉飾とは考えない。

　粉飾決算のレベル感についての質問であるが、減価償却不足や長期滞留売掛金に関する粉飾については、悪質な粉飾とまでは考えないとする意見が主流かと思ったが、相当意見は分かれた。とはいうものの、金融機関の考えはそれほど厳しいものではない。

> (イ)　架空売上の計上や架空在庫の計上はあきらかな粉飾であ
> るが、粉飾に至った事情等も考慮して経営者保証ガイドラ
> インの適用の当否を判断する。

　次の、架空売上の計上、架空在庫といった明らかな粉飾についてであるが、粉飾に至った事情次第ではガイドラインの利用を許容してもよいのでないかという質問に対しては、相当程度厳しい回答となっている。絶対とまでは言わないが、という微妙なニュアンスか。

> (ウ)　金融機関別に異なる決算書を提出したり、預金残高や借
> 入金残高を偽っていた場合は悪質な粉飾であり、粉飾に
> 至った事情等を考慮しても経営者保証ガイドラインの適用
> は認めない。

　粉飾に関する3つ目の質問は、金融機関別に異なる決算書を提出したり、預金残高や借入金残高を偽っていた場合についてであるが、さすがにこれは事情を考慮しても、ガイドラインの利用資格はないとする意見が金融機関では圧倒的であった。この傾向は税理士も同じであるが、弁護士はやや微妙に異なってくる。

> (3) 「正確な決算」「誠実な対応 (情報開示)」を実現する方法と
> して顧問税理士等の外部専門家の活用が考えられるが、具体的
> な方法のうち望ましいのは。

　「正確な決算」「誠実な対応 (情報開示)」を実現する方法としての顧問税理士等の外部専門家の活用に関する質問であるが、「顧問税理士が書面添付制度を活用」と「税務申告書と同じものの提出と、残高証明書に代わる顧問税理士による確認書の提出」の2つに分かれている。金融機関は後者の意見が多くなっているが、興味深いのは税理士も半々に意見が分かれている。そして、コンサルタントでは圧倒的に後者となっている。

> (4) 「正確な決算」「誠実な対応 (情報開示)」を実現するには、
> 一定の時間をかけて徐々に改善することが肝要との意見がある
> が、これをどう思うか。

　「正確な決算」に関する質問であるが、粉飾をしている企業が「正確な決算」に移行するのは簡単ではないため、一定の時間をかけて徐々にやれば良いとする意見が多かった。

> (5) 「正確な決算」「誠実な対応 (情報開示)」を一定の時間をか
> けて徐々に改善する方策としてどの方策が有効と考えるか。

　粉飾決算の是正は、一定の時間をかけて徐々にとはいっても、具体的にはどんな方法があるのかという質問であるが、不適切な会計を3年程度で是正していく、段階を踏んで改善していくといった、感覚的には理解できる回答なのであるが、果たして現実的に可能なのだろうか。

> ⑹　平時からの中小事業者と金融機関との信頼関係を高める取組
> 　　みとして、認定支援機関による経営改善支援、早期経営改善支
> 　　援の利用を通じて管理会計の導入、事業計画の作成等を行う取
> 　　組みについてどう思うか。

　中小企業と金融機関との信頼関係を構築する仕組みに関する質問であるが、認定支援機関制度による405やプレ405などの制度を活用して管理会計を導入したりする取組みを評価する意見が多かった。これらの制度が一定のインフラとして認知されつつあるのかもしれない。

> ⑺　中小企業が「正確な決算」と「誠実な対応（情報開示）」を
> 　　行うよう努めた場合、金融機関として企業に対してどのような
> 　　インセンティブが検討できるか。

　「正確な決算」、「金融機関への情報開示」に関して「金融機関はどのようなインセンティブを企業に対して与えることができるのだろうか」という質問である。具体的に言えば、「ごめんと白状したら全て許してあげるのか」という話であるが、金融機関の回答は分かれており、厳しいものから寛容なものまでさまざまな回答となっている。「白状するのは当然であり、メリットを与える必要などない」というところから、まあ、そうは言うものの、「経営支援を積極的にしてあげよう」、「資金繰りの面で面倒を見よう」、「事業再生の方面で一生懸命やってあげよう」など、現実的な回答となっている。

> ３．条件付き経営者保証に関する質問
> 　⑴　中小企業者については経営者保証が必要であると言う考えが
> 　　あるが、これについてどのように考えるか。

　そもそも経営者保証は必要なのかという本質的な質問であるが、「経

営者保証は必要だ」という解答は14％に止まり、「正しい側面もあるが、ガイドラインの趣旨に照らして検討すべき」という回答が82％に上っている。少なくとも、経営者保証ガイドラインの精神が普及しつつあることを感じる。

---

(2)　条件付き経営者保証の活用を検討するか。

(3)　どのような環境が整えば、条件付き経営者保証を活用するか。

停止条件付きの経営者保証に関する質問であるが、具体的には考えていないとする回答が多く、さらには、金融業界で共通の書式ができてから考えるという程度の意見が多かった。現実を反映した回答結果であるといえよう。

4．債務整理局面 (有事) における準則に関する質問

(1)　中小企業者向け私的整理手続の準則として中小企業再生支援協議会手続が一般的になっていると思うか。

中小企業者向け私的整理手続として、再生支援協議会手続が一般的になっていると思うかという質問に対して、「そう思う」「まあそう思う」という回答が85％に上っており、再生支援協議会が定着していることを示す結果となった。

---

(2)　中小企業再生支援協議会の手続における数値基準についてどう思うか。

再生支援協議会手続における「経常黒字化３年以内、実質債務超過解消５年以内、計画終了時における有利子負債の対キャッシュフロー比率10倍以内」という数値基準は、適切なのかという質問であるが、「適切である」「まあ適切である」という回答が、約90％に上った。これは、

再生支援協議会制度が浸透していることの表れともいえよう。

> (3)　小規模事業者に対して中小企業再生支援協議会の数値基準を
> 　　適用するのは厳しすぎるのではないかといった指摘があるが、
> 　　これについてどう思うか。

　再生支援協議会の数値基準を小規模事業者に対して適用するのは厳しすぎるのではないかという質問であるが、これは結構意見が分かれたものの、65%は少し厳しすぎると思うという結果となった。

> (4)　小規模事業者向けの数値基準を定める場合、考えられる基準
> 　　として近いのは。

　(4)では、小規模事業者向けの数値基準を定めるとしたら具体的な基準はどうか、という質問であるが「キャッシュフローがプラス、滞納税金や労働債務の支払遅延が生じていない」という基準が良いとする回答が8割を超えた。確かに、分かり易い基準であろう。

　なお、ここはゾンビ企業の延命に繋がるとの批判を受けかねないところであるが、ゾンビ企業の定義については、昨年「事業を10年以上やっていて、3年以上続けて、自分の利益で利払いができていない企業」をゾンビと定義すると、国際決済銀行（BIS）で示された。このあたりとの整合性も取れるのではないか。

　以上、アンケートの集計結果の紹介であるが、このほかにもいただいた個別意見を別紙（141頁以下）に整理してある。実に興味深い意見も多いことから、ぜひ一読されたい。

　さて、以上のアンケートを受けて、議論すべき幾つかの論点については、パネルディスカッションに委ねる。

V 「新しいガイドライン」に対する筆者の思い

最後に、「新しいガイドライン」に対する筆者の思いを幾つか述べる。

1 事業承継と事業再生

日本経済の現状を考えると、近時地方創生という熱が少し冷めてきたような気がする一方で、事業承継が大きく騒がれている。しかし、よく考えると、企業を元気にすれば全てが解決するのではないか。やや乱暴な意見かもしれないが、今こそ企業を元気にするということに的を絞るべきではないだろうか。それもできれば、まずは自力再生を基本として考える必要があるのではないか。M&Aを考える前に、まずは自力再生の道を探って欲しい。それこそが、地方創生の原点ではないだろうか。

2 地域金融機関の現状

地域金融機関を取り巻く環境は厳しく、今の地域金融機関に中小企業の支援を期待することは難しいと考える。現状では、集めた預金を地域の企業に融資して利鞘を稼ぐという、ビジネスモデルは崩壊している。とはいえ、地方は、地域の中小企業と地域金融機関で成り立っている。20年後、30年後、運命共同体である中小企業と地域金融機関がともに生き残って行くためには、米百俵の精神が必要ではないか。今、金融機関自らの利益のために地域企業の活力を削いではならない、そんな気がしている。

3 企業は誰のものか

ジャパン・アズ・ナンバーワンと言われた時代があった。しかし、現在では、企業は株主のためだけのものとなっている気がする。再生の世界においては、企業も金融機関も中小企業金融円滑化法の後遺症から脱却できていない。何となく他人がやってくれるのを待つ風潮、他人の責任にしてしまう風潮がある。特に中小企業の経営者に強く感じる。他人に頼ってはだめな時代である。自分のことは自分で守る時代であり、地域金融機関に余裕はない。中小企業基本法は、「やる気と能力のある企業を

支援する」ことを目的としており、その基本に立ち返るべきではないか。

　また、再生の現場で多く目にする失敗事例がある。それは金融機関が事業の本質を知らずに事業計画を作成し、強要した結果、取り返しが付かない事態となってしまうケースである。「中小企業の経営をするのは経営者であって金融機関ではない」。これが、基本である。

4　国の支援は民間による取組みと努力が前提

　このような状況において、国としてやることは、「中小企業としての数値基準を含めた健全経営のあり方を示すこと」ではないか。人間の健康状態の基準としては、血圧、血糖値など幾つかの危険領域を示す指標が示されている。中小企業に関しても、同じではないか。

　そして、その基準は金融機関と中小企業、そして税理士ほか支援者など関係者全員が納得し、共有する基準、ルールでなければ普及しない。これらの関係者が話し合って作ろうと、旗を振ることが国の役目ではないかと考える。近く、金融庁は検査マニュアルを廃止するが、その後の基準は民間で策定すべき、関係者が集まって策定すべきだと考える。

5　事業所の99.7％を占める中小企業の健康診断の指標の必要性

　「正確な決算」「誠実な対応（情報開示）」、これは企業のため、経営者のためであると同時に、金融機関のためでもある。人間ドックを受診して自らの健康状態を正しく知ることは、自らを守る手段として定着しているが、企業においては未だそのような考え方は定着していない。企業自らのために、自らを守る手段として、経営者が「正確な決算」「誠実な対応（情報開示）」を実行することを当たり前のことと認識し、金融機関ほか関係者はそのような当たり前のことが習慣として定着する世の中を目指すべきではないか。

　以上、「新ガイドライン」の成立に向けての筆者の思いを述べたが、後のパネルディスカッションでも登壇者の方々との意見交換をさせていただく。

中小企業等の平時における
経営健全化と支援の取組み

多摩信用金庫 融資部部長 和田 栄

I はじめに

　皆さん、こんにちは。多摩信用金庫の和田と申します。本日は、このような場所でお話をさせていただく機会をいただきまして、まことにありがとうございます。今回、地域金融機関の中小企業の健全経営に向けた平時の取組みというテーマでお話をいただいたわけですが、正直なところ、私どもの取組みがこういった場でお話をさせていただくほどのものかといえば、まだまだ道半ばであると認識しております。

　今回のシンポジウムに向けて、準備を進めていく過程で、改めて当金庫の課題などを認識することができまして、今後においても、御出席されています士業の皆様方とも連携させていただきたいと思います。また、先ほど藤原さんから地域金融機関に対する厳しいお言葉もいただきましたが、やはり我々地域金融機関にとって、中小企業が元気になって、地域が元気になっていくことが基本の考え方になってくると思いますので、一層の努力をしていきたいと思います。どうぞよろしくお願いします。

　資料については、アナログで申し訳ございません、お手元の資料を、皆さんに目を通していただきながら話を聞いていただければと思いますので、よろしくお願いします。

　【資料1】をごらんください。本日お話をさせていただく内容でござ

います。まず初めに、当金庫の概要、2番目に事業所支援の取組み、3番目に、当金庫が外部公表しておりますビジネスモデルの評価指標、4番目にお取引先に対する事業性評価の取組み、5番目に外部専門家との連携事例として、TKC西東京山梨会との連携事例を御紹介し、最後にまとめという形で話を進めさせていただければと思いますので、よろしくお願いします。

【資料1】

本日の内容
1. 多摩信用金庫
2. 事業所支援の取り組み
3. ビジネスモデルの評価指標
4. 事業性評価の取り組み
5. TKC西東京山梨会との連携
6. 目指すべき方向性

Ⅱ　多摩信用金庫の概要

　それでは、早速、当金庫の概要についてお話をさせていただきます。【資料2】をごらんください。私どもは昭和8年に設立し、本店が東京都の立川市でございます。支店は本店も含めて79店舗、4出張所で、ほぼ多摩地域全域をカバーしております。役職員は2246名で、経営理念として、お客さまの幸せづくりということをモットーに、職員一同で仕事をしております。

　業績に関しては、右の表を御参照いただければと思います。タイミング的に2019年3月期については、来月の総代会を経て公表となりますので、1年以上たっているもので恐縮ですが、御容赦いただければと思います。

　私ども多摩信用金庫の特徴を一言で申し上げますと、従来から住宅ローンとか箱物の融資に傾注することなく、地域の中小企業に対する円滑な金融支援にしっかり取り組むという考えで営業活動を行っております。プロフィールに記載もさせていただきましたが、私自身も4店舗で支店長をさせていただきまして、現場感覚から言っても、こういったことを徹底してきたということは自信を持って言えます。一方で、決してこれは自慢できることではありませんが、ここに数字は書いておりませんが、金融機関の個別の貸倒引当金も、都内の信用金庫の中では比較的高い水準で計上している金融機関です。そういった点も含めて多摩信用金庫の特徴と言えるのではないかと思っております。

【資料2】

1．多摩信用金庫

商号	多摩信用金庫
代表者	八木　敏郎
本店所在地	東京都立川市曙町2-8-28
創立	昭和8年有限責任立川信用組合 平成18年合併により多摩信用金庫
普通出資金	176億円
店舗数	本支店79店舗、出張所4店舗 合計83店舗
役職員数	2,246名（内パート230名）
経営理念	たましんはお客さまの幸せを創造する企業 たましんの仕事は、お客さまの幸せづくり

（単位：百万円）	2016/3月期	2017/3月期	2018/3月期
経常収益	39,880	41,389	41,552
業務純益	5,868	4,019	3,842
経常利益	5,028	4,096	3,705
当期純利益	3,535	2,898	2,606
純資産額	118,323	117,284	118,394
自己資本比率(%)	8.63	8.37	8.36
貸出金残高(A)	1,004,010	1,013,469	1,033,057
有価証券残高	1,123,875	1,137,707	1,117,253
預金残高(B)	2,560,392	2,644,221	2,702,799
(A)/(B)（%）	39.2	38.3	38.2

　【資料3】をごらんください。こちらは、毎年、帝国データバンクで発表しております多摩地域の企業におけるメインバンクシェアに関する調査結果でございます。ごらんのとおり22.98％と10年連続で首位となっておりまして、この結果は当金庫の事業所に対する課題解決活動が一定の支持を得られているものと捉えて、今後さらに多くのお客さまにメインバンクと言っていただけるように活動しているところであります。

【資料3】

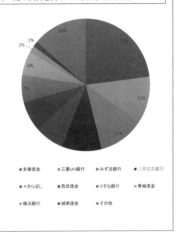

1. 多摩信用金庫（メインバンクシェア）

> ➤ 帝国データバンクの調査による多摩地区メインバンクシェアは、当金庫が22.98％であり10年連続の首位。
> ➤ 多摩地区内において当金庫の課題解決活動が、お客さまより一定の支持を受けていると考えられる。

順位	金融機関名	本社所在地	2017年	2018年	シェア増減
1	多摩信金	立川市	22.97%	22.98%	0.01%
2	三菱UFJ銀行	千代田区	11.80%	11.70%	-0.10%
3	みずほ銀行	千代田区	11.38%	11.43%	0.05%
4	三井住友銀行	千代田区	9.93%	9.92%	-0.01%
5	きらぼし	港区	7.43%	7.43%	0.00%
6	西武信金	中野区	7.35%	7.31%	-0.04%
7	りそな銀行	大阪府	6.77%	6.76%	-0.01%
8	青梅信金	青梅市	5.85%	5.82%	-0.03%
9	横浜銀行	神奈川県	1.60%	1.65%	0.05%
10	城南信金	品川区	1.34%	1.34%	0.00%
11	山梨中央銀行	山梨県	1.01%	1.00%	-0.01%
12	さわやか信金	港区	0.92%	0.88%	-0.04%
13	東日本銀行	中央区	0.70%	0.72%	0.02%
14	大東京信組	港区	0.57%	0.58%	0.01%
15	東和銀行	群馬県	0.53%	0.53%	0.00%
16	昭和信金	世田谷区	0.38%	0.41%	0.03%
17	西京信金	新宿区	0.40%	0.39%	-0.01%
18	商工中金	中央区	0.36%	0.37%	0.01%
19	飯能信金	埼玉県	0.36%	0.34%	-0.02%
20	東京三協信金	新宿区	0.33%	0.32%	-0.01%

＊2018年11月末時点の企業概要ファイルに収録されている多摩地区企業
（2万7,378社）に対する調査

■多摩信金　■三菱UFJ銀行　■みずほ銀行　■三井住友銀行
■きらぼし　■西武信金　■りそな銀行　■青梅信金
■横浜銀行　■城南信金　■その他

　【資料4】は、金庫の本部組織の概要でございます。2017年度より事業本部制に改めまして、価値創造のビジネスモデルを金庫全体で実施していくために、営業店におけるお客さまの課題解決を本部が全力支援する体制となっております。

　具体的には、営業店のお客さまが抱えるさまざまな課題に対して、価値創造事業本部として価値創造事業部、融資部、海外事業支援部、サービス向上事業部の4部が横串を通して情報共有をして、営業店をサポー

トする体制なっております。

　以上、簡単ですが、金庫の概要ということで説明をさせていただきました。

【資料4】

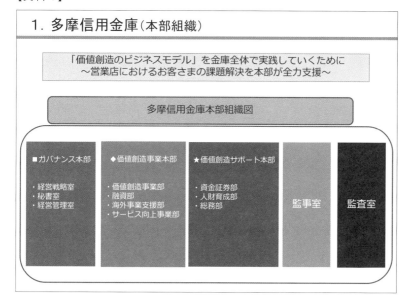

Ⅲ　事業所支援の取組み

　【資料5】から、多摩信用金庫が事業所のお客さまにどのような事業支援の取組みを行っているかを簡単に説明させていただきます。

　当金庫の事業支援の取組みは、各事業所のビジネスサイクル、つまり創業期、成長期、再生期、承継期といった4つのステージに応じて本部がサポートする体制となっております。

　具体的に見ていきますと、【資料5】は創業期のお客さまに対する支援で、創業支援については、価値創造事業部の創業支援担当が主管となってサポートいたします。具体的な取組みは、創業セミナー、創業を目指す方々の交流を促進するイベントの開催、また、創業計画の策定支

援などを行っております。創業期の事業所への融資の対応状況は、表で記載しているとおりでございます。

【資料5】

2. 事業所支援の取組（創業支援）

【主管：価値創造事業部　創業支援担当】

創業者への幅広い支援を行うことで多摩地域の活性化を目指しています

■2017年度は、創業セミナーを18回開催、230件の創業計画の策定支援を行い、810先の創業期の事業所のお客さまに対する財務課題の解決に取り組みました。
■主な創業イベント
・ミニブルーム交流カフェ
　2017年度は18回開催、155名の方が参加。
・創業塾、創業セミナー
　2017年度は6市（日野市、武蔵村山市、国分寺市、狛江市、小平市、西東京市）で開催。

創業期の事業所への融資実行金額		
2015年度	2016年度	2017年度
604先	790先	810先
39億円	58億円	56億円

【資料6】をごらんください。成長期のお客さまへの支援は、価値創造事業部の法人支援グループが主管となります。代表的なメニューは、こちらに書いてありますとおり、課題解決プラットフォームTAMAの運営、ものづくり補助金申請の支援、多摩ブルー・グリーン賞、たま工業交流展・多摩の物産&輸入品商談会などがあります。

　課題解決プラットフォームTAMAとは、127名の外部専門家との連携を通じて、事業所が抱えるさまざまな課題に対して、専門家派遣を通じて課題解決のお手伝いをする事業となっております。

　ものづくり補助金の申請に関しては、前向きな設備投資をするお客さまに対して、制度の内容説明や申込書の作成方法を、説明会や個別の相談会を通じて支援をしています。

　多摩ブルー・グリーン賞、たま工業交流展・多摩の物産＆輸入品商談会は、お客さまの新たなビジネスチャンスを創出するために、ビジネスマッチング等を目的として開催しております。

【資料6】

2. 事業所支援の取組（成長支援）

【主管：価値創造事業部　法人支援グループ】

事業者の皆さまの新たな飛躍に向けた挑戦を力強く応援しています

◆課題解決プラットフォームTAMAの運営
127名の外部専門家と連携しています。
たましんならではの経験とネットワークを活用して、経営課題解決のお手伝いを行う事業です。
2017年度は、872件のご相談をいただき、289回の専門家を派遣しました。

◆ものづくり補助金申請の支援
「ものづくり補助金」申請の為の支援を積極的に行っています。2017年度は3会場で、説明会・相談会を開催し、156名の方が参加されました。

◆　多摩ブルー・グリーン賞
多摩地域の優れた「技術・製品」「ビジネスモデル」を表彰しています。第15回を迎えた昨年では、153件のご応募をいただき、最優秀賞2件、優秀賞7件、他12件の受賞者を輩出しました。

◆たま工業交流展・多摩の物産＆輸入品商談会
多摩地域の企業が誇る技術や製品を展示する交流展の開催（毎年2月）やWEB上でマッチングサイトの運営を行い、新たなビジネスチャンスの場を提供しています。

　【資料7】は、再生ステージのお客さまの支援になります。業況が厳しくなっているお客さまに関しては、私が担当する融資部経営革新支援グループが主管となって対応をしております。

　私の部署は、昨年6月に組織の改編がありまして、従来4名で活動していたところを、人員を増員して、現在8名の体制で活動をしております。主に支店長経験者を中心に、業況の厳しいお客さまの支援を厚くする体制をとっております。

　私どもの部署の活動内容は、本日のテーマと絡む部分もありますので、少し詳しく説明させていただきます。活動は大きく2つありまして、1つ目は特定の大口与信先に対する経営改善支援活動が中心になり

ます。全店の融資先の中から、要注意先、または破綻懸念先で融資金額の大きい先を中心に、約220先を選定して、本部と営業店が一体となって改善支援を行います。具体的な支援としては、【資料7】に書いてありますとおり、405事業を活用した経営改善計画の策定支援や、中小企業再生支援協議会など、外部機関や外部専門家の皆さんと連携して支援活動を行っています。また、毎月のモニタリングを通じて業況や資金繰りを把握しています。

　2つ目は、営業店の条件変更先に対する業況改善に向けた支援活動をサポートする仕事です。当金庫では営業店の条件変更先に対する改善支援をターンアラウンド活動と銘打って展開しています。各営業店にターンアラウンドリーダーを任命して、ターンアラウンドリーダーへの研修や成功事例を共有して、営業店の支援体制をサポートしています。

【資料7】

2. 事業所支援の取組（再生支援）

【主管：融資部　経営革新支援グループ】

コンサルティング機能を発揮し、お客さまの課題解決をお手伝いしています。

再生支援担当は、中小企業の課題解決に向けた取り組みに注力し、経営課題への助言や経営相談を継続的に実施するとともに、経営改善計画策定支援、外部機関や外部専門家との連携等、コンサルティング機能の発揮による経営改善や事業再生に関する個別案件に対応しています。

■経営改善計画書の策定支援

・認定支援機関制度とは
中小企業・小規模事業者が安心して経営相談を受けられるために、専門知識や実務経験が一定レベル以上の者に対し、国が認定する公的な支援機関（制度）です。

・当金庫独自フォーマットの提供と作成支援
　・事業計画書フォーマット
　・年間資金計画表フォーマット

■ネットワークを活用した課題解決支援

・主要連携先一覧
　・プラットフォームTAMAの外部専門家
　・中小企業再生支援協議会
　・地域経済活性化支援機構（REVIC）
　・東京都経営改善支援センター
　・東京税理士会
　・日本公認会計士協会三多摩会
　・日本政策金融公庫
　・東京信用保証協会
　・とうきょう中小企業支援ファンド

　【資料8】は、事業承継支援でございます。事業承継期のお客さまに

対する支援は、価値創造事業部の法人支援グループが主管となり、専門家との連携による事業承継計画の立案支援、専門家による無料相談会の開催、セミナーなどを開催しています。また、後継者育成支援事業として、TAMA NEXTリーダープログラムを毎年運営すると同時に、事業引継ぎ支援センターなど外部機関との連携も積極的に行っております。

　以上、当金庫の事業所支援の取組みについて、説明させていただきました。

【資料8】

---

2. 事業所支援の取組（事業承継支援）

【主管：価値創造事業部　法人支援グループ】

地域経済の活性化、技術・サービス・雇用の維持等を目的として事業承継に係るご支援を積極的に行っています

■事業承継に係る個別相談に細やかな対応
・専門家との連携による事業承継計画の立案支援、専門家による無料相談会の開催
■事業承継に係る実例紹介や知識面のご支援
・事業承継サロン、事業承継セミナー
■後継者育成のご支援
・TAMA　NEXTリーダープログラム
（2018年度は11期生、20名の方が参加。）
■外部機関との連携によるご支援
・M＆A事業者（事業引継ぎ支援センター等）、投資会社（信金キャピタル、投資育成会社等）

Ⅳ　ビジネスモデルの評価指標

　続きまして、【資料9】からは、ビジネスモデルの評価指標について御説明させていただきます。ビジネスモデルの評価指標とは、預金量や融資量、収益の状況とか自己資本比率、不良債権比率といった、従来から金融機関が公表してきた指標とは別に、当金庫が経営理念を実現していくために、ビジネスモデルの実現ぐあいと地域への波及効果、また地域からの

支持の状況等をはかる指標として、全部で53項目を2016年度からホームページで掲載しているものです。今日は、その中で事業所に対する当金庫の課題解決の取組状況を示す指標を幾つか御紹介させていただきます。

　【資料9】をごらんください。当金庫の各営業店では、支店長以下、営業担当まで、1社1担当制を基本に、既存先と新規取引先を登録して、日々渉外活動を行っております。こちらの指標は、事業所のお客さまの課題解決に向けた営業店の活動状況、特に事業所のお客さまとの繋がりを計るための指標として、訪問している事業所の先数と割合を捉えています。当金庫では、2017年度より営業店の渉外体制を変更しておりまして、従来は地区管理ということで、担当地区内の事業所と個人のお客さまを担当する体制から事業所専門の担当と個人を専門に担当する職員を分けて、より専門性の高い活動を目指す体制になっております。グラフは若干減少傾向にはなっておりますが、こちらはより質の高い活動へのシフトと捉えております。

【資料9】

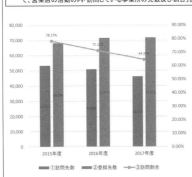

3. ビジネスモデルの評価指標（平均訪問率）

> 事業所のお客さまの課題解決に向けた営業店の活動状況、特に「事業所のお客さまとの繋がり（訪問割合）」を計るための指標として、営業店の活動の内「訪問している事業所の先数及び割合」を捉えている。

【課題】

　2017年度における事業所のお客さまへの訪問先数（月間平均）は、前期比4,670先減少。また営業店の活動管理システムへの事業所のお客さまの登録先数は町田支店のオープンなどから258先増加。登録先数は増加したものの、訪問先数の減少により、訪問割合が6.77%減少。

　2017年8月に25店舗を新たな渉外体制に移行したが、移行期間において一時的に事業所訪問件数が減少してしまったことが主な要因。

　当金庫では2016年から新たな渉外体制への移行を進めている。今後は新たな渉外体制への移行に伴い、より質の高い活動への取組が求められている。

	2015年度	2016年度	2017年度	3期増減
①訪問先数	53,312	50,884	46,214	-13.3%
②登録先数	68,198	71,575	71,773	5.2%
③訪問割合	78.17%	71.15%	64.38%	-17.6%

　【資料10】をごらんください。こちらは保証協会の利用状況でござい
ます。担保・保証に頼らない支援による課題解決に向けた取組状況を計
る指標として、信用保証協会保証付き融資残高を捉えています。こちら
は2017年度の事業所融資残高8149億円のうち、信用保証協会保証付き融
資残高は1143億円ということで、事業所融資に占める割合は約14%とな
りました。また、残高においても前期比マイナス10億円ということで、
毎年減少傾向で推移しております。

【資料10】

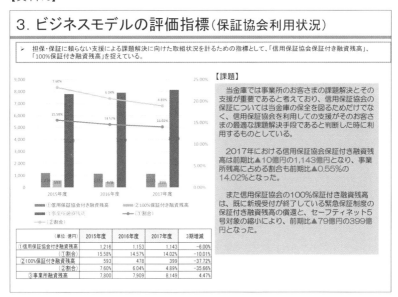

　【資料11】は、事業課題分析に基づく融資の取組みでございます。こ
ちらは事業内容や経営実態、成長可能性などを適切に把握した上での課
題解決の取組状況、いわゆる事業性評価の取組状況を計る指標として件
数を捉えております。2017年度は、事業課題分析に基づく融資は3725先
で、全融資先の11.88%ということで、事業性評価に基づく取組みは引
き続き注力しているところです。

【資料11】

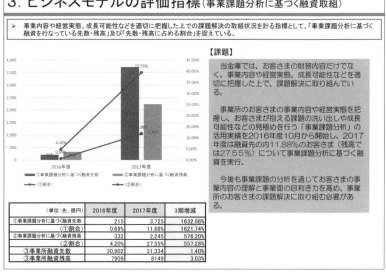

3. ビジネスモデルの評価指標（事業課題分析に基づく融資取組）

> 事業内容や経営実態、成長可能性などを適切に把握した上での課題解決の取組状況を計る指標として、「事業課題分析に基づく融資を行なっている先数・残高」及び「先数・残高に占める割合」を捉えている。

【課題】

当金庫では、お客さまの財務内容だけでなく、事業内容や経営実態、成長可能性などを適切に把握した上で、課題解決に取り組んでいる。

事業所のお客さまの事業内容や経営実態を把握し、お客さまが抱える課題の洗い出しや成長可能性などの見極めを行う「事業課題分析」の活用実績を2016年度10月から開始し、2017年度は融資先の内11.88%のお客さま（残高では27.55%）について事業課題分析に基づく融資を実行。

今後も事業課題の分析を通じてお客さまの事業内容の理解と事業面の目利き力を高め、事業所のお客さまの課題解決に取り組む必要がある。

（単位：先、億円）	2016年度	2017年度	3期増減
①事業課題分析に基づく融資先数	215	3,725	1632.56%
（①割合）	0.69%	11.88%	1621.74%
②事業課題分析に基づく融資残高	332	2,245	576.20%
（②割合）	4.20%	27.55%	557.28%
③事業所融資先数	30,902	31,334	1.40%
③事業所融資残高	7909	8149	3.03%

　【資料12】は、債務者区分が要注意先の事業所への融資対応状況です。課題を抱える事業所のお客さまの課題解決に向けた取組状況を計る指標として、債務者区分が要注意先の事業所に対する融資実行金額、また、全体の融資実行金額に占める割合を捉えております。要注意先の事業所の多くが赤字決算ですが、そうしたお客さまに対しても、事業内容や経営実態、成長可能性などを適切に把握した上で、将来のキャッシュフローの改善に向けた事業計画書の策定支援などを行いながら、課題解決に向けて取り組んでおります。2017年度は、融資実行金額に占める要注意先の割合は34.36%で、毎年一定金額の対応を行っております。

　【資料13】は、要注意先の事業所向け融資の先数ベースの数字を捉えたものです。2017年度では、金庫の取引先で要注意先5370先のうち41.28%の2217先に対して融資を実行しております。ごらんのとおり毎年一定の割合で対応をしている状況でございます。

【資料12】

3. ビジネスモデルの評価指標（要注意先への融資実行金額）

課題を多く抱える事業所のお客さまの課題解決に向けた取組状況を計るための指標として、「債務者区分が要注意先の事業所に対する融資実行金額」及び「融資実行金額に占める割合」を捉えています。

《算出結果》

	2015年度	2016年度	2017年度
① 要注意先に対する融資実行金額	1,258 億円	1,254 億円	1,168 億円
② 融資実行金額	3,359 億円	3,621 億円	3,399 億円
③ 融資実行金額に占める割合	37.45%	34.63%	34.36%

《定義》
① 要注意先に対する期間内の融資実行金額
② 期間内の各債務者区分の融資実行金額の合計
③ ①÷②×100
※ 業種登録が個人又は地方公共団体を除いて算出する。

《評価》
　たましんでは、業況が厳しく課題を多く抱える事業所のお客さまについても、事業内容や経営実態、成長可能性などを適切に把握したうえで、課題解決に向けて取り組んでいます。
　2017年度の「（自己査定上の債務者区分＊が）要注意先の事業所のお客さまに対する融資実行金額」は、前期からやや減少の1,168億円となり、全融資実行金額にしめる割合は前期比ほぼ横ばいの34.36%となりました。
　多摩地域の課題解決インフラとして、課題を多く抱える事業所のお客さまの課題解決について、引き続きしっかりと取り組んでいきます。

　＊金融機関では、融資のお取引をいただいているお客さまの業績・財務内容などを踏まえ、「自己査定」を実施しています。

【資料13】

3. ビジネスモデルの評価指標（要注意先への融資実行先数）

課題を多く抱える事業所のお客さまの課題解決に向けた取組状況を計るための指標として、「債務者区分が要注意先の事業所に対する融資実行先数」及び「要注意先数に占める割合」を捉えています。

《算出結果》

	2015年度	2016年度	2017年度
① 融資実行した要注意先数	2,237 先	2,338 先	2,217 先
② 要注意先数	5,167 先	5,320 先	5,370 先
③ 要注意先数に占める割合	43.29%	43.94%	41.28%

《定義》
① 期間内に融資実行した要注意先の先数
② 前期末における要注意先の先数
③ ①÷②×100
※ 業種登録が個人又は地方公共団体を除いて算出する。

《評価》
　たましんでは、業況が厳しく課題を多く抱える事業所のお客さまについても、事業内容や経営実態、成長可能性などを適切に把握したうえで、課題解決に向けて取り組んでいます。
　2017年度の「（自己査定上の債務者区分＊が）要注意先の事業所のお客さまのうち、期間内に融資実行した先数」は前期比▲121先の2,217先、その「前期末時点における要注意先の先数に占める割合」は前期比▲2.66ポイントの41.28%となりましたが、課題を多く抱える事業所のお客さまの課題解決について引き続きしっかりと取り組みました。

　＊金融機関では、融資のお取引をいただいているお客さまの業績・財務内容などを踏まえ、「自己査定」を実施しています。

　【資料14】は、担保・保証に頼らない支援による課題解決に向けた取組状況を計るための指標として、担保や保証でカバーされない、いわゆる未保全部分がある、事業所のお客さまの先数と残高、全体に占める割合を捉えております。当金庫では、事業内容やキャッシュフローを重視するとともに、事業の将来性も加味して融資審査を行い、担保や保証がないお客さまに対しても積極的な支援を行っております。2017年度においては、事業所融資全体の3万1334先のうち、未保全部分がある融資を行っている先は1万6316先で、約半分のお客さまに対してプロパー融資の対応を行っております。

【資料14】

3. ビジネスモデルの評価指標（担保・保証に頼らない支援）

担保・保証に頼らない支援による課題解決に向けた取組状況を計るための指標として、「担保や保証でカバーされない"未保全部分"がある事業所のお客さまの先数と残高」及び「事業所融資先数・残高に占める割合」を捉えています。

《算出結果》

		2015年度	2016年度	2017年度
①	未保全部分がある事業所融資先数・残高	14,741 先	15,794 先	16,316 先
		4,975 億円	5,217 億円	5,399 億円
②	事業所融資先数・残高	30,180 先	30,902 先	31,334 先
		7,800 億円	7,909 億円	8,149 億円
③	事業所融資に占める割合	先数ベース	48.84%	51.10%	52.07%
		残高ベース	63.78%	65.96%	66.25%

《定義》
① 借入金額のうち担保や保証でカバーされない「未保全部分」がある事業所融資先数、および当該事業所融資先の融資残高
② 事業所融資先数及び事業所融資残高
③ ①÷②×100
※ 当期末における先数・残高を算出する。

《評価》

　たましんでは、事業内容やキャッシュフローを重視するとともに、事業の将来性も加味して融資審査を行い、担保や保証がないお客さまに対しても積極的な支援を行っています。
　その結果、2017年度においては、事業所のお客さまのうち約半数のお客さまに対して担保や保証でカバーされない「未保全部分」があるご融資を行っています。
　なお、不動産等の担保は、ご融資期間や金額といったリスク量の判断により、必要に応じてお願いしています。

　【資料15】は、経営者保証のガイドラインの活用状況で、先ほど、約50％の経営者の方が経営者保証のガイドラインについて話を聞いていないというアンケート結果もございましたが（72頁～73頁参照）、私どもの取組状況においても、2017年度の活用先は3003先で事業所融資実行先数

12339先に対する割合は24.33%となっておりますので、一層の取組みをしていかなければならないテーマであると認識をしております。

　以上、ビジネスモデルの評価指標について説明をさせていただきました。

【資料15】

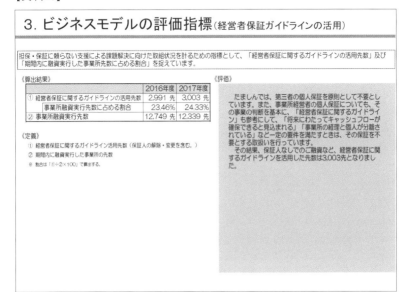

3. ビジネスモデルの評価指標（経営者保証ガイドラインの活用）

担保・保証に頼らない支援による課題解決に向けた取組状況を計るための指標として、「経営者保証に関するガイドラインの活用先数」及び「期間内に融資実行した事業所先数に占める割合」を捉えています。

《算出結果》

	2016年度	2017年度
① 経営者保証に関するガイドラインの活用先数	2,991 先	3,003 先
事業所融資実行先数に占める割合	23.46%	24.33%
② 事業所融資実行先数	12,749 先	12,339 先

《定義》
① 経営者保証に関するガイドライン活用先数（保証人の解除・変更を含む。）
② 期間内に融資実行した事業所の先数
※ 割合は「①÷②×100」で算出する。

《評価》
　たましんでは、第三者の個人保証を原則として不要としています。また、事業所経営者の個人保証についても、その事業の判断を基本に、「経営者保証に関するガイドライン」も参考にして、「将来にわたってキャッシュフローが確保できると見込まれる」「事業所の経理と個人が分離されている」など一定の要件を満たすときは、その保証を不要とする取扱いを行っています。
　その結果、保証人なしでのご融資など、経営者保証に関するガイドラインを活用した先数は3,003先となりました。

V　事業性評価の取組み

　【資料16】をごらんください。ここから、各営業店で行われている事業性評価の取組みについてお話をさせていただきます。営業店では、自店のエリアの事業所を1社1担当者制で活動するわけですが、ツールとしてヒアリングシートを活用して、お客さまを知る活動を行っております。事前準備として、帝国データバンクの情報、680業種の業界動向、マーケティングレポートなどを活用して、個社別の課題などを想定して事前準備を行い、渉外活動に臨みます。そして、日々得られた活動結果の情報を渉外支援システムに入力して、支店内で情報共有をして、さら

に本部とも情報共有し、課題への対応方針を検討します。各担当者は、蓄積された情報をベースに、お客さま概況シートを整備します。お客さま概況シートとは、病院で言うところのカルテに相当するもので、原則毎月訪問して四半期に1回、モニタリング内容を整備して、お客さまを「評価する」ステップを経て、最終的には融資の取組みなどに活用するというプロセスを踏んでいます。

【資料16】

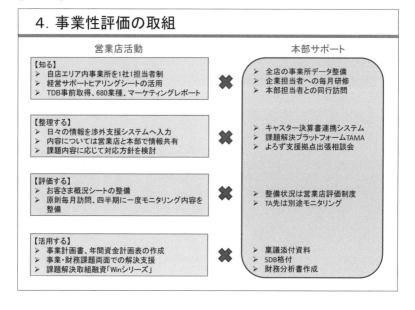

【資料17】は、お客さま概況シートの内容です。本日は紙面の都合上、シートの詳細は割愛させていただきます。内容は、当金庫との取引状況、事業内容、事業課題、財務課題など定性面、定量面について、お客さまの情報をわかりやすくまとめた帳票となっております。現在、法人先を中心に整備を進めている状況であります。また、下段の経営サポートヒアリングシートは、営業担当者が社長にインタビューをしながら、経営課題や悩みを共有していくためのツールとして、活用しています。

【資料17】

4. 事業性評価の取組（お客さま概況シート）

◇お客さま概況シート

➢ お客さま概況シートとは、当金庫との取引状況をはじめ、お客さまの事業内容及び財務内容、お客さまの事業課題と財務課題の内容と課題への対応、当金庫としての取組方針、業況のモニタリング状況など、定性面・定量面についての情報をわかり易くまとめた帳票である。
➢ 当金庫の事業性融資取引先は31,334先あり、その内法人取引先は17,954先である。法人融資先から優先して整備を進めており、現在7,038先の整備が完了している。
➢ 将来的には全融資先のお客さま概況シートについて整備をしていく方針である。

◇経営サポートヒアリングシート

➢ 本シートはお客さまの経営目標や課題を正確かつ十分に認識してくためのツールである。
➢ 全44項目の質問事項で構成されており、3C分析及び経営者の経営姿勢などをヒアリングするツールとして活用している。
➢ 基本的には事業性評価をすることが目的であるが、この評価を以って融資審査の可否を判断はしていない。

Ⅵ　外部専門家との連携事例

　【資料18】は、外部専門家との連携事例として、TKC西東京山梨会との連携事例を紹介させていただきます。平成21年度に後継者育成支援事業であるTAMA NEXTリーダープログラムの開講を皮切りに、平成23年、「経営改善計画策定支援サービス」に関する覚書を締結、平成28年に「中堅・中小企業の持続的成長支援に関する覚書」を締結しました。また、平成29年8月よりTKCモニタリング情報サービスの利用を開始しました。モニタリング情報サービスにつきましては、お客さまにとっては当金庫と最新の月次試算表を共有することで、事業の実態に即したタイムリーな提案を受けることが可能となります。一方、当金庫では、お客さまの現状を把握したうえで、具体的かつタイムリーな提案が可能となるため、積極的に展開しているところであります。

【資料18】

5. TKC西東京山梨会との連携

- 平成21年　TAMA　NEXTリーダープログラム開講（現在11期目）
- 平成23年3月「経営改善計画策定支援サービス」に関する覚書を締結
- 平成28年12月「中堅・中小企業の持続的成長支援に関する覚書」締結
- 平成29年8月　TKCモニタリング情報サービスの利用開始
　　　　　　　　 2018年8月末　利用件数496件（信用金庫内、全国2位）
- その他　各支部例会への参加

TAMA　NEXTリーダープログラム

Ⅶ　目指すべき方向性

　【資料19】をごらんください。目指すべき方向性としてまとめております。金融機関サイドから見た中小企業のお客さまのあるべき姿とは、適正な決算情報開示であり、また、月次での試算表管理、経営課題や将来展望に関する情報共有、顧問税理士・会計士の方々との連携などが挙げられると思います。また、私たち金融機関自身が中小企業のお客さまに対してあるべき姿とは、事業内容への本質的な理解であったり、適正なモニタリングの実施、お客さまの課題に対する営業店や本部が一体となった取組支援、重複しますが、顧問税理士・会計士の方々との連携などが挙げられると思います。

【資料19】

6.目指すべき方向性

●金融機関サイドからみた、中小企業のあるべき姿とは
➢ 適正な決算情報開示
➢ 月次での試算表管理
➢ 課題や将来展望に関する情報共有
➢ 顧問税理士・会計士との連携

●金融機関自身が中小企業に対してあるべき姿とは
➢ 事業内容への本質的な理解
➢ 適正なモニタリングの実施
➢ 営業店、本部が一体となった取組支援
➢ 顧問税理士・会計士との連携

お客さま、顧問税理士・会計士、金融機関が三位一体となり、予防医療的な取組が重要

Ⅷ　最後に

　最後に、事業所との平時における経営健全化と支援の取組みに関して重要なことは、お客さま、顧問税理士・会計士の方々、金融機関が三位一体となり、平時のコミュニケーションを通じて適正な財務情報の共有、経営課題の共有、また、事業計画書の作成などを通じて未来を共有することが、信頼関係を構築していく上で、お互いに努力していくことが重要であると考えております。

　以上で発表を終わります。御清聴ありがとうございました。

〰〰〰〰〰〰〰〰〰〰〰〰〰〰〰〰〰〰〰〰〰〰〰〰〰〰〰〰〰〰〰〰〰

基調報告 2 - 2

中小企業等の平時における
経営健全化と支援の取組み

TKC全国政経研究会政策審議委員長／税理士・公認会計士　**久田　英詞**

〰〰〰〰〰〰〰〰〰〰〰〰〰〰〰〰〰〰〰〰〰〰〰〰〰〰〰〰〰〰〰〰〰

Ⅰ　はじめに

　皆様、こんにちは。御紹介いただきましたTKC全国会に所属しております税理士の久田英詞と申します。【資料1】から進めてまいりたいと思いますので、よろしくお願いいたします。

　税理士は今現在、全国で約7万8000名おります。そのうち、TKC全国会は税理士が任意で集った集団で約1万1000人強、約15％の税理士が参画している団体です。

　大きな事業目的、活動の旗印としては2つございます。1つは租税正義の実現、もう1つは会計で会社を強くする、この2つです。我々の関与先は約50万社の中小企業があり、その中小企業にとって会計が役立つように、税金は正しく納めるようにという支援活動をしています。この2つの大きな活動の根幹にあるものは、会計帳簿の信頼性をいかに高めるか、そのことを通して我々はいかに社会に貢献し得るかという思いであります。

　本日の内容は、【資料1】のとおり3点ございます。1点目は、我々税理士は中小企業の決算書に大きくかかわる中、これがなぜ信頼されないのか。税理士はなぜ信頼されないのかという点です。2点目は、特にここにお集まりの皆様は事業再生という局面にかかわっていらっしゃいますので、よりそういう思いを持っている方が多いのかなと思う中で、

これをどう解決していくかをお話します。3点目は、決算書の信頼性は
識別可能であるということを提案申し上げたいと思います。言いかえれ
ば、粉飾可能性をどのように排除し、また確認できるかということを紹
介いたします。

【資料1】

本日の内容

Ⅰ　中小企業の決算書はなぜ金融機関から信頼されないのか

Ⅱ　「情報の非対称性」の解消とシグナリングの必要性

<u>Ⅲ　「決算書の信頼性」は識別可能である</u>
- （どの）税理士が関与しているか？
- 月次試算表が作成（＋月次巡回監査が実施）されているか？
- （電子）申告をしたものと同じ決算書等であるか？
- 中小企業の会計（中小会計要領等）に準拠した決算書なのか？
- 税理士法第33条の2に規定する添付書面はあるか？

Ⅳ　まとめ

Ⅱ　中小企業の決算書の信頼性

　まず、中小企業の決算書の信頼性についてですが、【資料2】のとお
り、昨年来、中小企業再生支援セミナーで、TKC全国会の坂本孝司会長
がパネラーとして参画した際に、金融機関あるいは法律の専門家の皆さ
んとのディスカッションの中で、決算書が信頼できないという厳しいお
声をいただいておりました。中小企業の決算書、すなわちその作成にか
かわる我々税理士が信頼できないと置きかえて、重く受け止めています。

　また、金融行政においても、目きぎとか事業性評価を重視するという
行政方針に転換してきた経過から、財務情報という、ある意味過去の実

績数値は重要ではないとする風潮があるのではないか。とすれば、これは少し誤解があるのではないかと考えます。事業性評価と財務情報はトレードオフではなくて、相互補完の関係にあるということです。

【資料２】

Ⅰ　中小企業の決算書はなぜ金融機関から信頼されないのか

1.「基本的に金融機関は中小企業の決算書を信頼していない」という（パネラーである金融機関の）声※1

「中小企業再生支援セミナー」＊に
坂本孝司ＴＫＣ全国会会長がパネラーとして参画して実感

＊2018年2月19日(大阪)、21日(東京)／2019年2月19日(大阪)、2月22日(東京)で開催

※1（出典：TKC会報2018年9月号第45回TKC全国役員大会「パネルディスカッション」より）

ただ銀行員のこの訓練において、申し訳ありませんが、われわれの常識では中小企業の決算書は粉飾が当たり前で、残念ながら決算書に全幅の信頼がおけない。
ですからこれを見抜くのが融資のベテランであるといった風土があります。実際に銀行での研修の多くが決算書の見方などで、おかしい決算書をいかに見破るかといったことに仕事の時間を費やしています。
（福岡銀行　大庭真一常務／当時）

そして、【資料３】に示すとおり、中小企業は、法人と個人、経営者が一体化していること、これは当然の属性ではありますが、その問題と、経営者保証ガイドラインにいう資産と経理の区分、これはまた別個の問題でありますので、その区分がいかになし得るかについて、今我々が取り組んでいることを後ほど紹介いたします。

中小企業のバランスシートは、特にこれは金融機関からの声として、信用ならない、それは実態バランスになっていないからだということがございます。これは、ある意味、目的が違うからこの誤解は生じ得るのではないかと考えます。先ほど藤原さんから御紹介いただいたアンケート２(2)(ア)（126頁）にもありました、滞留売掛金は粉飾なのか、滞留在

庫は粉飾なのかどうかという話ですが、会計的な考え方でいくと、認識すること、たとえば売上を架空に認識することは明らかに粉飾でありますが、評価の問題、つまり金額で測定することにおいては一定の幅があるのではないかと思います。

　今の中小企業の会計ルール、あるいは税務会計では、取得原価主義が採用され、たとえば、バブル期に購入したゴルフ会員権を取得原価で計上する、これは全く適法なことであります。ただ、金融機関が資金の回収可能性を見るときは、これは実態価値に置きかえなければいけない。当然そうなのですが、ここのギャップをもって、この企業は粉飾していると断じてしまうことは誤解であるといわざるを得ません。中小企業の会計ルールは後ほどまた紹介いたします。

【資料3】

Ⅰ　中小企業の決算書はなぜ金融機関から信頼されないのか

　3．中小企業では「法人と経営者の分離ができていない」ため
　　決算書が必ずしも正確なものになりにくいのではないか？

　4．中小企業のバランスシートは、取得原価主義※3 だから、
　　実態価値を反映していないのではないかという誤解

※ 3(出典：河﨑照行著『最新 中小企業会計論』中央経済社より)

中小会計要領　（各論2：資産・負債の基本的な会計処理より抜粋）
①資産の分類
②資産の計上基準
・資産は原則として、取得価格で計上する。（要領各論2（1））
・資産を取得するために要した金額を基準として、貸借対照表に計上します
　（一般に「取得原価主義」といいます。）（要領各論2解説）

Ⅲ　「情報の非対称性」の解消とシグナリングの必要性

　そして、【資料4】は、情報の非対称性が金融機関と中小企業の間に

生じているのではないかということです。貸し手には借り手の情報が多く得られていない、本当の意味の真実の情報が得られていない。これは借り手がそのことを貸し手に提供していないがゆえに、貸し手は適切な融資判断が行えないし、借り手は優秀な企業であっても、貸し手の躊躇を招いて円滑な資金調達ができないという、双方に不幸な状況を招いているのではないか。とすれば、この情報の非対称性を解消していくことが重要であると考えます。では、そのためにどういう手だてがあるかというと、シグナリングだと言われています。このシグナリングとは、借り手が貸し手に対してさまざまな情報をみずから進んで発信していくこと。そのシグナリングで効果的なことが、正確な決算をしている企業であれば、そのことを金融機関に理解してもらうように情報発信していくことだと思います。このようなことも税理士の立場で、また、税理士の中のTKC会員として取り組んでいる活動を後ほど紹介します。

【資料4】

Ⅱ 「情報の非対称性」の解消とシグナリングの必要性

１．中小企業金融における「情報の非対称性」※4

(1) 貸し手 (金融機関) と借り手 (企業) との間には常に情報の格差があり、貸し手 (金融機関) は借り手 (企業) の情報を多く得られず、結果的に決算書等の信頼性に疑念がもたれる。

(2) その結果、貸し手 (金融機関) は適切な融資判断が行えない。

(3) さらには、借り手(企業)は円滑な資金調達が行えない、状況を生み出す。

※4 「情報の非対称性」とは、ジョージ・アカロフ (カリフォルニア大学バークレー校経済学教授、2001年ノーベル経済学賞受賞) が1970年に「レモン市場：品質の不確実性とマーケット・メカニズム」で発表した概念。

※ (参考：TKC会報2018年9月号「巻頭言」より)

- 略 -
資金需要者である企業は、情報劣位者である金融機関に対して、決済の確実性を示唆するために、金融機関に対して合図をおくればよいことになる。これがシグナリングである。このシグナリングを参考にして金融機関は審査することで、情報の非対称性を緩和した融資を実行出来る。

Ⅳ 「決算書の信頼性」は識別可能である

3点目は、【資料5】で、今日の本題であります。決算書の信頼性は識別可能であるということです。特に金融機関の皆様にこういったところまで御承知いただきたいなという思いで報告いたします。また、有事にかかわっていらっしゃる法律の専門家の先生方は、有事になる前に、あるいは、なりかけのときに平時に戻すためには、この5つのステップを目指して、「社長さん、健全経営を目指しなさいよ」というような形でご助言いただければありがたいと思います。

決算書の信頼性を識別するには、5つの階層に分かれていて、その階層によって信頼度合いが変わってくるということをご理解下さい。

【資料5】

Ⅲ 「決算書の信頼性」は識別可能である

1. （どの）税理士が関与しているか？

2. 月次試算表が作成（＋月次巡回監査が実施）されているか？

3. （電子）申告をしたものと同じ決算書等であるか？

4. 中小企業の会計（中小会計要領等）に準拠した決算書なのか？

5. 税理士法第33条の2に規定する添付書面はあるか？

---

1 税理士の関与

まず1番目は、税理士が関与しているか否かという点です。【資料

6】は国税庁が発表した税理士の法人税における関与割合のデータですが、直近の平成29年度でいきますと、約89％が税理士関与です。約300万社と言われる中小企業のうちの約270万社が、税理士が関与しているということで、非常に地域偏在なく税理士が関わっていることがわかります。では、税理士が関与した決算書かどうかはどこで識別可能かというと、【資料7】が金融機関に提供される法人税の申告書の別表1であり、この右下に関与税理士の署名欄があります。今は電子申告ですので、ここには手書きの署名はありませんが、ここの中央あたり、「税理士法第30条の書面提出有」欄で税理士関与の有無を確認いただけます。この第30条の書面は税理士関与の際の委任状です。法人の約90％は税理士関与がある一方、創業間近のところとか、あるいは会社で内部統制が整っていて、経理人材が豊富なところは関与税理士がないという企業があるかもしれませんが、そういったところはここが空欄です。

【資料6】

Ⅲ　「決算書の信頼性」は識別可能である

1.（どの）税理士が関与しているのか？

■ 識別方法■
◆ 「税理士が関与（税務代理）をしているか」は、
法人税申告書別表1(1)の「税理士法第30条の書面提出有」の記載欄「有」で確認できる。

参考指標　2：税理士関与割合（所得税・相続税・法人税）　　　　（単位：％）

年　度	平成25年度	26年度	27年度	28年度	29年度
所得税	19.5	19.9	20.0	20.2	20.2
相続税	89.5	89.7	89.8	84.0	84.4
法人税	87.9	88.1	88.4	88.7	88.9

出典：財務省　平成29事務年度　国税庁実績評価書

【資料7】

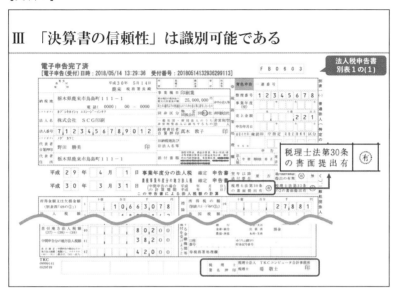

Ⅲ　「決算書の信頼性」は識別可能である

　【資料8】は、国税庁発表の黒字申告割合の数です。約34％、3分の1が黒字申告です。ここ20年間のトレンドはほぼ横ばいのようで、短期的に下がっているのはリーマンショックの直後ですが、もう少し長いスパンの平成全体で見ますと、だらだら右下がりということで、戦後ずっと黒字割合が下がってきたというトレンドです。

　【資料9】は、中小企業庁が発表している借金依存度をあらわすデータです。ここには無借金企業の割合が表示され、中小企業は約35％が無借金です。先ほどの黒字法人は3分の1、無借金法人も3分の1、これは両者一致するものではありませんが、何となく同じようなレベルにあって、言い換えると、赤字企業は3分の2、有利子負債のある企業が3分の2ということです。だから、特に我々税理士としては、3分の2の赤字企業をいかに黒字化するのか、また3分の2の借金企業については、借入金返済や資金繰り、あるいは健全な借入金体制や無借金にして

【資料8】

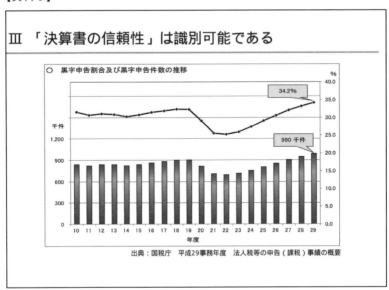

【資料9】

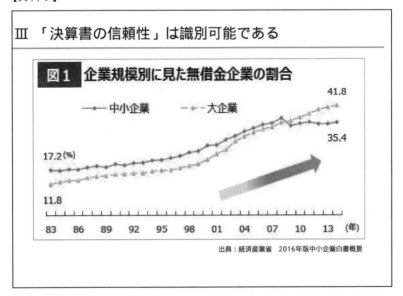

いくための支援に仕事の軸足が移ってきている、ということがここから見てとれるかと思います。

2　月次試算表の作成

決算書の信頼性識別ポイントの2番目は、【資料10】のとおり月次試算表が作成されているかどうかという点で、決算書の信頼性のレベルが少し上がります。

正確な決算は経営者保証ガイドラインでも求められていますが、実は我々からすると、もう1歩踏み込んで見ていただきたいポイントがあります。それは、決算書を1年に1回だけ作成する企業なのか、直近の月次試算表がすぐ提供できる企業なのかどうかという点です。この差は、経営者にとっての業績管理や業績把握、またそれに基づく経営判断ができる体制かどうかの大きな違いとなります。

1年に1回決算書を金融機関や税務当局に報告することは当然ですが、そもそも会計の活用は、経営者自身が経営を強くするためであると考えれば、やはりタイムリーに試算表が作成されていなければなりません。

そして、さらに言うと、この決算書や試算表を誰が主体で作成しているのか、中には、税理士に丸投げをされる企業もありますが、どうしても丸投げすれば1年に1回の作成になりがちで、経営者への財務情報のフィードバックが遅れてしまいます。私たちは、それを会社みずからの手で、月次決算をしてくださいと言って支援しています。

ここで、税務会計の知識や技術が未熟な経営者や経理担当者が月次の決算を組むと、それが正しいかどうかの信頼性が得られないということで、私たち税理士あるいは税理士事務所のスタッフが毎月企業を訪問し、証拠書類とのチェック等をしています。これを月次巡回監査といっていますが、その際、経営者との対話を通じて、経営者自身が経営状況を把握できるようなお手伝いをしています。

次に、会計システムを使っているケースもよくありますが、実はこ

こにも大きな落とし穴があることを紹介します。例えば、皆さん、市販の計算ソフトで作成したデータを思い浮かべてみてください。決算書を作りました。「ああ、間違えていた」と言って上書きをすれば、何ら痕跡を残さず数字が書き換えられてしまいます。毎月、金融機関に試算表を提出していたとしても、「ああ、間違えていた」として、提出した試算表を前の月に遡って、容易に直してしまうことができるシステムが市中にはとても多く存在するということです。実は国税当局は、そういうシステムは適格とはしておりません。電子帳簿保存法といって、コンピューターを使って会計帳簿を作成して、紙媒体ではなく帳簿を保存できる制度があります。その届け出の要件としては、訂正削除をしたら、してもよいのだけれども、その履歴、痕跡はきちっと残せと。いわゆる手書きの帳簿で言う見え消しの状態、いわばトレーサビリティを確保できるシステムを条件としています。そういった機能を具備しているシステムを利用して会計帳簿を作成し、それに基づいて決算書が作成されているかどうかが、これからの時代、問われてくると思います。

【資料10】

Ⅲ　「決算書の信頼性」は識別可能である

2. 月次試算表が作成（＋月次巡回監査が実施）されているか？

■ 識別方法■

- 適時の記帳に基づき、月次試算表を作成することは、経営者が自社の経営状況を把握し、経営に活用することができる。
  他方、1年分をまとめて記帳した決算では不可能。

- このことは、「中小会計要領チェックリスト」の項目15番目の「適時に正確な帳簿を作成しているか」欄の☑の有無で確認できる。

- 月次試算表や決算書をだれが主体で作成しているか、会社自身か税理士に丸投げか、によっても、経営者が活用できるかどうかに違いが生ずる。

- 過去に遡って訂正が可能な会計システムで作成した月次試算表は、変更履歴のトレーサビリティが確保されず正確性が担保されない。「電子帳簿保存法」の申請をした上で、適格なシステムを活用しているかどうか。

- 「税理士が月次で巡回監査を実施」していると、正確性が高まり、経営に役立てられることにつながる。そのことは、例えばTKCが発行する「記帳適時性証明書」によって客観的に確認可能。

　また、税理士が月次で巡回監査をしているかどうかに関して、例えば私の所属するTKC全国会では、月次のデータをTKCのクラウドのセンターに送ることにより、TKCが第三者的に、いつこの会社の月次決算が税理士により確定されたかを明らかにする記帳適時性証明書（【資料11】）を提供してくれるサービスがあります。

【資料11】

3　（電子）申告をしたものと同じ決算書等であるか

　信頼性の識別ポイントの３番目は【資料12】のとおり「（電子）申告をしたものと同じ決算書等であるか」です。先ほどのアンケートでもありましたが（14頁）、金融機関ごとに異なる決算書を提出しているという疑念を持たれていることは非常に残念ですが、ここで皆様方に、特に金融機関の皆様にお知りおきいただきたいことは、税務署に提出した決算書と同じものかどうかは、税務署の収受印があるかどうか、また電子申告の場合は、これは受信通知という電子受付証明がありますので、そ

れを確認してくださいということです。

　また決算書と申告書において当期利益の数字が一致しているかどうか
もチェックすべきポイントです。

　また、一言で税務署に提出した決算書を金融機関が徴求するといって
も、実は徴求している内容がごく一部ではないかと感じることも間々あ
ります。税務署に提出する決算書の一式というものは、【資料12】に示
す①から⑦までが一般的です。①申告書、②決算書、先ほどのアンケー
トによれば、決算書だけを提出することを求めている金融機関はほとん
どなかった。当然この一式が必要だと言われておりますが、この一式の
中には③勘定科目の内訳書も含まれます。これを見れば、借入金の金融
機関ごとの明細が全部わかります。金融機関に誠実ではない社長は、そ
のページだけをコピーしないということも、もしかするとあるかもしれ
ません。しかし、そこをあえて金融機関に見ていただいて、うちの会社
を正当に評価して、堂々と金利で競争してほしいという思いで金融機関
に見てもらえるよう、積極的に提示すべきです。また、④事業概況書は
税務署に出す書類です。それから⑤中小会計要領（又は指針）の適用に
関するチェックリストと⑥税理士法33条の２の添付書面は任意の書類で
す。⑤は中小企業の会計ルールに準拠していることを税理士が確認した
チェックリストです。そして⑥は、税務当局に対する申告書と決算書の
信頼性を保証する税理士法上の書面です。法律に裏づけられた制度で、
税理士の資格をかけて税務当局に提出している書類を、今私たちTKC
では、任意で金融機関にも提供するように努め、添付書面のついている
決算書と、そうでない決算書の信頼性の違いをしっかり認識いただける
ように運動をしています。

　【資料13】の左側の書類は法人税の申告書別表４で、一番上に当期利
益が記載されています。右側は会社法の決算書類の中の損益計算書で、
右下に当期純利益が記載されています。この両者は一致するということ
が、会計と税務が一致するかどうかの確認のスタートになります。

　次の【資料14】は、先ほど多摩信用金庫の報告にもありましたとおり

【資料12】

Ⅲ 「決算書の信頼性」は識別可能である

3.（電子）申告をしたものと同じ決算書等であるか？

■ 識別方法■

◆ 「税務署に提出したものと同じ決算書等か否か」は、（電子）申告した場合の「収受印」又は「受信通知」があるかどうか。かつ、決算書上の当期利益が税務申告別表４の利益欄に一致しているかを確認すればわかる。

◆ 税務署に提出する決算書等の一式は、①法人税申告書、②決算書（含む個別注記表）、③勘定科目内訳書、④法人事業概況書、⑤中小会計要領（又は指針）の適用に関するチェックリスト【任意】、⑥税理士法33条の2の添付書面【任意】、⑦税理士法30条の税務代理権限証書（いわゆる委任状）、から構成されている。

◆ これらがすべて揃えば、情報の非対称性の解消につながると考えられる。

【資料13】

Ⅲ 「決算書の信頼性」は識別可能である

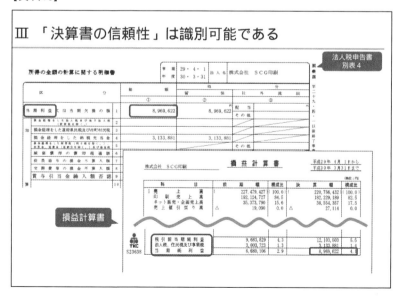

（37頁）、これはTKC会員が受けられるサービス（モニタリング情報サービス）の紹介です。企業からの依頼に基づいて、会計事務所が金融機関に決算書や月次試算表を、紙ではなくインターネットを通じて提供するサービスです。言いかえると、決算書は電子申告で国税当局に送り、それはTKCのクラウドセンターで保管していますから、そのままのデータを取引金融機関に提供してよいという了解が社長から得られた企業については、金融機関に、それを見に行く鍵をお渡しするというようなサービスです。始まってまだ2年少々ですが、今のところ7万件ぐらいの実績で、年内には24万件の目標で動いています。一般的なクラウド会計でも、そのデータを金融機関に提供することは理論的には可能だと思いますが、TKCのサービスの特徴は、そのプロセスに税理士がかかわっているという点です。TKC会員は巡回監査を毎月することを行動基準書で義務づけられていますので、税理士が関与して作成された信頼性の高い月次試算表や決算書が金融機関に届けられる点に大きな意味があります。

【資料14】

　ここまでのまとめとして、【資料15】の①（どの）税理士が関与しているか、②月次試算表が作成（＋月次巡回監査が実施）されているか、③（電子）申告をした内容と同じ決算書であるか、のステップの順に決算書の信頼性は高まるといえます。この3点が信頼性の高い決算書であるか否かの分水嶺であるといえます。こうしたことを、これまで金融機関の皆様にお伝えする努力が十分でなかったことは、私たちの反省点でもあります。

【資料15】

Ⅲ　「決算書の信頼性」は識別可能である

　　1.（どの）税理士が関与しているか？
　　2. 月次試算表が作成（＋月次巡回監査が実施）されているか？
　　3.（電子）申告をした内容と同じ決算書であるか？

**この3点が、
信頼性の高い決算書（正確な決算）か否かの
分水嶺であることを金融機関に対し伝え
理解してもらう必要がある**

4　中小企業の会計（中小会計要領等）に準拠した決算書なのか

　続いて、4番目として、もう少し高いレベルでの信頼性を確認する手段を御紹介します。中小企業の会計ルールに準拠した決算書かどうかということです。

　【資料16】は、平成24年に中小企業庁と金融庁が共同事務局で発表した「中小企業の会計に関する基本要領」、通称「中小会計要領」という

中小企業向けの会計ルールです。この特徴は、中小企業の実態に即した会計制度で、税務と会計の親和性から取得原価主義を採用し、そして一番の利害関係者は経営者自身であり、また金融機関であることを意識した会計ルールです。この中小会計要領に準拠した決算書かどうかは、計算書類に含まれる個別注記表の冒頭に、中小会計要領に準拠している場合はその旨を記載することになっていますので、この記述の有無で確認いただけます。

【資料16】

【資料17】【資料18】は日本税理士会連合会が提供しているチェックリストです。税理士が中小会計要領に準拠しているかどうかを確認した場合に、その確認チェックリストを社長にお渡しするものです。このチェックリストに注目して、各種の融資商品を用意してくれている金融機関もあり、過去には信用保証料の割引制度もありました。

【資料17】

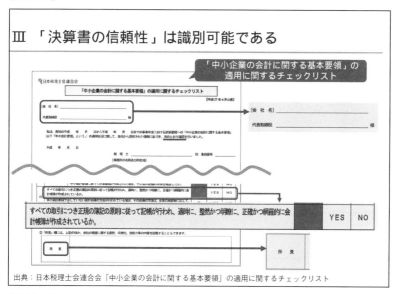

出典：日本税理士会連合会「中小企業の会計に関する基本要領」の適用に関するチェックリスト

【資料18】

出典：日本税理士会連合会「中小企業の会計に関する基本要領」の適用に関するチェックリスト

5 税理士法第33条の2に規定する添付書面（書面添付制度）

そして一番高い信頼性の5番目のレベルは、税理士法第33条の2に規定する書面が添付されているレベルです。これは【資料19】の法人税の申告書別表1の右側の税理士法第33条の2の書面提出有欄に丸印があると、税理士がその申告書を作成するに当たって、どのような判断をしたのか、どのような相談に応じたのかを記述した書面を国税当局に提出しているということです。【資料20】は税理士法の条文の抜粋です。申告書の作成に関し、計算し、整理し、相談に応じた事項を記載した書面を申告書に添付することができるとあります。この書面の提出は任意であり、しかも虚偽記載をした場合は懲戒処分という厳しい罰則規定が設けられています。したがって税理士がそのリスクを冒してまで虚偽の書面を作成することは考えにくく、その信頼性が高いことを推定できます。

【資料19】

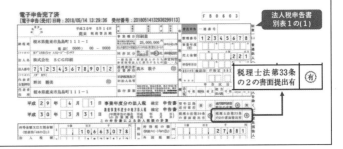

【資料20】

Ⅲ　「決算書の信頼性」は識別可能である

5. 税理士法第33条の2に規定する添付書面はあるか？

税理士法（抜粋）

| 計算事項、審査事項等を記載した書面の添付 | 第33条の2　税理士又は税理士法人は、国税通則法第16条第1項第1号に掲げる申告納税方式又は地方税法第1条第1項第8号若しくは第11号に掲げる申告納付若しくは申告納入の方法による租税の課税標準等を記載した申告書を作成したときは、当該申告書の作成に関し、計算し、整理し、又は相談に応じた事項を財務省令で定めるところにより記載した書面を当該申告書に添付することができる。 |
| 一般の懲戒 | 第46条　財務大臣は、前条の規定に該当する場合を除くほか、税理士が、第33条の2第1項若しくは第2項の規定により添付する書面に虚偽の記載をしたとき、又はこの法律若しくは国税若しくは地方税に関する法令の規定に違反したときは、第44条に規定する懲戒処分をすることができる。 |

※下線筆者

　【資料21】の国税当局の発表データを見ますと、直近の平成29年では約9％、法人の約1割にこの添付書面がついています。税理士の資格をかけて書面添付を実践しているということです。

　では、経営者にとってはどのようなメリットがあるのでしょうか。税務調査はもちろんありえますが、その場合でもいきなり臨社するのではなくて、先んじてこの書面を添付した税理士に意見聴取がなされます。1時間ほど税理士が税務署に出頭します。そこでいろいろ質疑応答を交わす中で問題点が解決すると、それで調査は終了となります。社長はその間、本業にいそしむことができるということが大きなメリットです。

　また国税当局の視点を想起すると、申告書が数多く提出される中で、添付書面というシグナル付きの申告書が出てくれば、調査に行くのか行かないのか、当然考えて行動するだろうな、と思うわけであります。

　もしかすると、弁護士の先生からしてみると、なぜこんなことをする

のだろうと思われるかもしれませんが、これは実は税理士の使命に由来しています。税理士法の第1条には、税理士の使命条項が規定されており、「税理士は、税務に関する専門家として、独立した公正な立場において（中略）納税義務者の信頼にこたえ、（中略）納税義務の適正な実現を図る」とあります。納税者の権利擁護ではなくて、独立公正な立場ですので、国税当局におもねず、依頼者にも偏せずという、まさに公共的な立場、単なる中立を超えた公正な立場で仕事をしなければいけないという使命をもつ税理士が作成した添付書面であるがゆえに、国税当局も評価してくれているのではないかと考えます。

【資料21】

Ⅲ　「決算書の信頼性」は識別可能である

5．税理士法第33条の2に規定する添付書面はあるか？

昭和31年の法改正で「書面添付制度」制定　⇒　添付率が1％未満
平成13年の法改正の目玉　⇒　調査前の意見聴取（税理士の権利）
法人税申告書への書面添付割合の推移　　（出典：国税庁「実績の評価書」）

	平成13年	平成19年	平成26年	平成27年	平成28年	平成29年
添付割合	2.9％	5.7％	8.4％	8.6％	8.8％	9.1％

意見聴取制度の充実
　調査着手を前提とした制度であり、事前に税理士に意見を聞くことで疑問点の解明が目的　⇒　結果として調査省略
　税理士の立場を尊重して付与された税理士の権利の一つである
　（平成13年5月衆議院財務金融委員会での国税庁次長発言）

　【資料22】は日本税理士会連合会が出しているパンフレットですが、この中でも、書面添付制度のメリットは、税務申告書の質と信頼性の向上と紹介されています。税務申告書は決算書の利益に基づいて調整するわけですから、税理士の作成する添付書面が間接的には決算書の信頼性

を保証していることになると考えられます。中小企業の決算書の信頼性を保証する唯一の法的裏づけを持った制度と言ってよいのかもしれません。

【資料22】

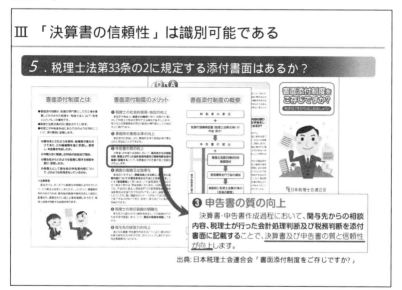

【資料23】は添付書面の実例で、現物はA4判の3～4ページ程度の書類になります。ここでは、計算し整理した事項や相談に応じた事項のほかに、企業の商流や業種業態の特徴を書いたりもします。最近では、この添付書面がついている企業については、経営者保証ガイドラインに則った融資をしようという動きが幾つかの金融機関で出てきましたので、法人と個人の区分経理ができているかについての記述も、私たちは行うように努めています。この添付書面は税理士会でも力を入れ、国税当局もこれに期待しており、全国各地の税務署では両者による協議会が開催されています。TKCでもこの3年間、重点的にこの普及定着に向けた取組みをしています。

【資料23】

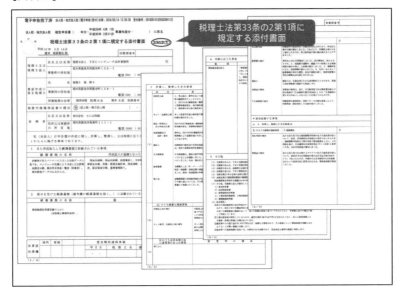

V　まとめ

　【資料24】は、決算書の信頼性レベルに関する坂本会長の書籍『会計制度の解明』からの引用です。税理士のかかわり度合いと決算書類の信頼性、税理士による保証の程度が階層になっています。上から、関与がない場合、関与がある場合、そして月次の試算表を作成して、月次の巡回監査を受けている場合、そして添付書面がついている場合という階層に分かれています。1番下には会計参与、それから会計監査人というのは少し規模が大きい企業向けですが、このような信頼性を高める、より保証度合いの高い制度もあるということをご紹介しておきます。

　では、最後に本日のまとめです。経営者保証ガイドラインでは、入口段階での重要な要素として、正確な決算と誠実な対応が求められています。正確な決算といってもいろいろなレベルがあるということをお話しました。つまり、年1回の決算でなくて月次の決算をしているか、そし

【資料24】

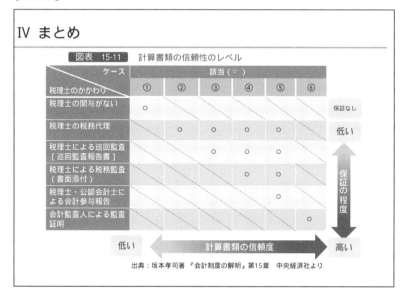

IV まとめ

図表 15-11　計算書類の信頼性のレベル

ケース	該当 (○)						
税理士のかかわり	①	②	③	④	⑤	⑥	
税理士の関与がない	○						保証なし
税理士の税務代理		○	○	○	○		低い
税理士による巡回監査 [巡回監査報告書]			○	○	○		
税理士による税務監査 (書面添付)				○	○		
税理士・公認会計士による会計参与報告					○		
会計監査人による監査証明						○	

保証の程度

低い　←　計算書類の信頼度　→　高い

出典：坂本孝司著 『会計制度の解明』第15章　中央経済社より

て、その正確性を高めるために税理士が月次で関与しているかどうか、また、中小会計要領のチェックをつけてもらっているか、税理士法上の添付書面があるかないか、このように正確性、信頼性が階層的に評価できうる、つまり決算書の信頼性は識別可能であるということをご理解くださり、これからの皆様方の実務に役立てていただければ大変幸いでございます。

　財務情報の適時適切な開示に関しての誠実な対応については、国税当局に出した決算書等をそのまま金融機関に提供する動きが始まっているということを紹介いたしました。

　正確な決算、誠実な対応というものは、中小企業と金融機関の信頼関係構築の基礎となることには間違いありませんので、これから私たちは、税理士またTKCの会員として、金融機関とリレーションを高めながら進んでまいりたいと思います。そして、ひとたび有事に陥りかけた

ときには、今日お集まりの専門家の皆様のお力を借りるということ、一方、平時の健全経営の支援は我々税理士にお任せあれ、ということを申し上げまして、今日の締めくくりとさせていただきます。御清聴ありがとうございました。

第2部

パネルディスカッション
「中小企業等の健全な経営に関する
ガイドライン（仮）」

パネルディスカッション【Part1】

平時における経営健全化の取組み

〈パネリスト〉　　　　　多摩信用金庫 融資部部長　　和田　　栄

日本商工会議所 中小企業振興部 主任調査役　鎌田　藤胤

公認会計士・税理士　河原万千子

弁護士　髙井　章光

中小企業再生支援全国本部 統括PM　賀須井章人

〈コーディネーター〉　弁護士／事業再生研究機構代表理事　小林　　信明

はじめに

小林　それでは第２部のパネルディスカッションを始めたいと思います。第２部のパネルディスカッションは２部構成で、【Part1】が「平時における経営健全化の取組み」、そして【Part2】が、「中小企業の主債務（企業の債務）の整理のあり方」となっております。

第1　中小企業の健全化のためのガイドラインの必要性

小林　まず、パネルディスカッションの【Part1】を始めさせていただきます。

御登壇いただいている方々の御紹介をさせていただきます。

和田　　栄（わだ　さかえ）様（多摩信用金庫 融資部部長）

鎌田　藤胤（かまだ　ふじたね）様（日本商工会議所 中小企業振興部 主任調査役）

河原万千子（かわはら　まちこ）様（公認会計士・税理士／協和監査法人）

髙井　章光（たかい　あきみつ）様（弁護士／髙井総合法律事務所）

賀須井章人（かすい　あきひと）様（中小企業再生支援全国本部　統括PM）

　私は、コーディネーターを務めます小林信明です。本日は、どうぞよろしくお願いいたします。

1　認定支援機関による経営改善支援（405事業）・早期経営改善支援（プレ405事業）との関係

小林　先ほど藤原さんから御紹介があったアンケート（**巻末資料参照**）がございます。アンケートの2の(6)（132頁）をごらんになっていただきますと、認定支援機関による経営改善支援（405事業）や早期経営改善支援（プレ405事業）を通じた管理会計の導入、事業計画の作成支援という取組みが、平時からの中小企業と金融機関との信頼関係を高める取組みとしては高く評価されているという結果が出ております。

　まず賀須井さん、この経営改善支援と早期経営改善支援についての内容を簡単に御説明していただいた上で、こういう事業がありながら、さらに新しいガイドラインが必要なのかどうかということについてコメントをいただけますか。

賀須井　はい。中小企業再生支援全国本部の賀須井です。よろしくお願いいたします。

　アンケートにもあるように、405事業やプレ405事業など経営改善に係る取組みが高く評価されているのは非常にありがたいと感じています。ただ、こうした取組みはまだ始まったばかりで、中小企業に広く浸透しているとは言えないと思っております。皆さんも御存じかと思いますが、405事業、それからプレ405事業は、補助金を活用して中小企業の経営改善、金融機関との信頼関係の構築といった効果を期待した事業です。今回のアンケート結果を受けて、方向として間違っていないなという思いは強くしておるところですが、実はもともと405事業は円滑化法の出口対策として導入された施策でしたので、対象となっている企業が当初は非常に限定的でした。状態の悪い会社に対する支援というイメー

ジが強かったのです。その後、405事業の対象となる企業を広げたり、プレ405事業を導入したりで、利用者の増加には努めているのですが、それぞれ１万数千社程度にしかまだ対応できていないという状況でございます。ここから100万社、200万社、さらに拡大していく必要性を感じております。平時における「中小企業等の健全な経営に関するガイドライン（仮）」が導入されることで、その裾野が広がる効果を期待しております。その中では、プレ405事業は、中小企業における「正確な決算」と「誠実な対応」——情報開示ですね——という問題を解決するための１つの手段という位置づけになるのではないかと考えています。そのような形でこれらの事業が広がっていけば、中小企業と金融機関の信頼関係構築をサポートすることができると思います。

小林　ありがとうございます。それでは和田さん、金融機関側としてはどのようにお考えですか。

和田　はい。当金庫において、405事業を活用した経営改善支援の取組みについて振り返ってみますと、これは一定の成果があったと考えております。それはなぜなら、金融機関が企業と、外部専門家とともに計画策定プロセスに主体的にかかわることで信頼関係の醸成がはかられると同時に、計画の実行性も高まっていると考えております。しかし、昨年の上期は制度の活用が過去と比較しまして大きく落ち込んでいます。理由は、事業規模や借入金残高など一定の基準を満たした先についての優先的な取組みが一巡し、モニタリングの段階に移行しているためです。その結果を踏まえて、去年の下期から、全店の支店長に対して、対象先の間口をさらに広げ405事業の活用について再度検討するよう指示を出したところでございます。

　また、プレ405事業ですが、こちらはまさに平時における事業所への取組みという位置づけと捉えているのですが、まだ当金庫側からの積極的な活用提案などの取組みはできていない状況で、また、お客様からの相談も少なくなっておりまして、広く浸透しているとは言いがたいと認識しています。私どもでは、先ほどの第１部の基調報告２－１（21頁以

下）でも説明しましたが、赤字の企業のお客様に融資をさせていただく場合には、将来事業がどうなっていくのかというところを共有するために、当金庫独自のフォーマットで、担当職員が直接計画策定支援を行う場合もあり、プレ405事業の活用方法については改めて考えていく必要があると思います。

　今、「正確な決算」と「誠実な対応」というお話がありましたが、「経営者保証に関するガイドライン」に関してコメントさせていただきますと、私どもでも適用基準を定めて、柔軟な対応を行っています。件数も少しずつふえている状況ではあるのですが、まだまだ一層の周知が必要だと考えております。この経営者保証ガイドラインを進めていく上でも、平時でのコミュニケーションにおいて、試算表や資金繰り表の提出を含めて、経営状況をしっかり共有していくということが重要で、それがまさに「正確な決算」と「誠実な対応」ということになるのではないかと思っております。

2　経営者保証ガイドラインの対応や事業性評価融資及び金融仲介機能との関係

小林　ありがとうございます。中小企業の経営の健全化のためには、「正確な決算」と「誠実な対応（情報開示）」が必要であるということですね。ただ、405事業やプレ405事業だけでは、それらが全部実現できるというわけでもないというお話だったと思います。また、経営者保証ガイドラインの対応のためにも「正確な決算」と「誠実な対応（情報開示）」が必要だという和田さんからの御指摘がございましたが、経営者保証ガイドラインの対応に加えて、金融機関が近年目指している事業性評価融資や金融仲介機能のためにも、この「正確な決算」と「誠実な対応（情報開示）」が必要なのではないかと思うのですが、その辺はいかがでしょうか。

和田　「正確な決算」と、「誠実な対応（情報開示）」が進めば、事業性についてしっかり検討した上で、まさに柔軟な金融支援を検討すること

も可能になってくると思います。当金庫としても実際にそのような取組みの中で、債務者区分や、引当金、不良債権比率にとらわれない融資判断を行っているところであります。

　ただ、お客様の理解を求めるに当たっては、平時の健全な経営ガイドラインのようなものがあったほうがよいと思いますが、重要なのは、一定の資料の提出ということだけではなく、それぞれ異なる事業実態、経営状況、社長さんの考え方、将来の見通しといったものをどう共有していくかという点であって、ガイドラインということになりますと、その内容をどうするかは難しい問題だと思います。

小林　そうですね。新しいガイドラインの内容をどうするのかということは後でまた議論したいと思いますが、中小企業が正確な決算をして誠実な対応（情報開示）をすることが金融機関のメリットにもなり、それがまた中小企業にとってのメリットにもなるというウィン・ウィンの関係に立てれば一番よいとは思っております。事業者側の受け止め方をお聞きしたいのですが、鎌田さん、商工会議所としてはどのように考えますか。

鎌田　はい。日本商工会議所の鎌田と申します。商工会議所は全国に515ございまして、3,411名の経営指導員が中小企業の経営支援を行っております。

　【資料1】【資料2】【資料3】は、先ほど藤原さんの基調報告でも少し紹介していただきましたが、東京商工会議所が2019年3月に公表した「中小企業の経営課題に関するアンケート調査結果」です。詳しいものはホームページにもありますので、もし御興味があればご覧いただきたいのですが、【資料1】にありますように、回答数が1,375社、このうち約4割は小規模企業者となっています。そして、【資料2】をご覧いただきたいのですが、正確な決算ということで試算表あるいは資金繰り表の作成状況ですが、これを見ると75％以上の企業が毎月試算表を作成し、60％以上の企業が毎月資金繰り表も作成しているという結果になっています。四半期毎あるいは半年毎まで含めれば、試算表は85％以上、

【資料1】

結果概要

調査目的:
東京商工会議所 中小企業委員会は、会員企業の経営実態に即した支援策の実現を目指し、例年、「中小企業施策に関する要望」を国、東京都をはじめ、関係各方面に提出している。本調査は、中小企業が抱える経営課題等を広く聴取し、要望事項の取りまとめに供するため会員中小企業・小規模企業者を対象に行ったもの。

調査期間: 2018年11月16日～12月7日

調査方法: 郵送・メールによる調査票送付／FAX・メール・WEBによる回答

調査対象: 会員中小企業・小規模企業者 8,000社

回 答 数: 1,375社(回答率17.2%)(うち小規模企業者549社(39.9%))

※小規模企業者の定義: 小規模企業振興基本法(第2条第1項)に定義された、おおむね常時使用する従業員の数20人以下(商業又はサービス業は5人以下)の事業者

※グラフの割合は無回答を除く割合を算出している

【資料2】

3. 経営資源について(金融)②:試算表等作成状況、金融トピック

担保や保証に依らない事業性評価融資の推進にあたって、企業側の対話の基礎情報となる財務書類の作成頻度・状況は、**残高試算表が全体の7割以上①**、**資金繰り表は全体の6割が「毎月作成」②**していると回答しており、一定の準備状況は整いつつある。一方で、金融トピックに関する認知度においては、「ローカルベンチマーク」等、対話に必要なツールについての**認知度は低い③**。

残高試算表の作成頻度

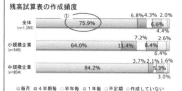

資金繰り表の作成頻度

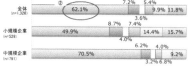

金融トピックに関する認知度

資金繰り表も70％以上の中小企業が作成しています。意外と多いなという感じですが、最近は会計ソフトやクラウド会計も普及してきていますので、「中小企業だからどんぶり勘定で、試算表もない」という状況ではないようです。

　ただ、他方、作成はしているのですが、それが正確かどうか、金融機関に提出しているかどうかは若干別の問題だと思います。先ほど久田さんからお話のあったシグナリング（43頁）についてはあまりできていないというのが正直なところです。事業者からしますと、「正確な決算」や「誠実な対応（情報開示)」を行うことで、例えば新たな融資が約束されたり、個人保証を外してもらえたり、何かメリットがあればよいのですが、「赤字決算を出すと折り返し融資が出ないのではないか」等と考えてしまうと、金融機関から求められた資料を出すだけになってしまい、自主的に出そうというインセンティブが働きません。「中小企業等の健全な経営に関するガイドライン（仮)」においては、中小企業に「正確な決算」や「誠実な対応（情報開示)」を一方的に求めるだけでなく、中小企業にとってのメリットも示していただくことが、利用されるためには必要ではないかと思います。

　【資料 3】は「経営者保証に関するガイドライン」の認知度ですが、残念ながら中小企業の認知度は50％を切っています。民間金融機関からの説明も、50％が「なかった」と回答しています。

　ここにいらっしゃる皆さんには、恐らく「経営者保証に関するガイドライン」などはもう当たり前のものですが、中小企業にはまだあまり知られてもいないということを考えますと、今回新たに「中小企業等の健全な経営に関するガイドライン（仮)」を作って、これが100万社、200万社に広く利用されるためには、中小企業がぜひ利用したいと思うようなものにしていただく必要があるのではないかと思います。

3　中小企業の健全化のためのガイドラインが活用されるための視点

小林　ありがとうございます。

【資料3】

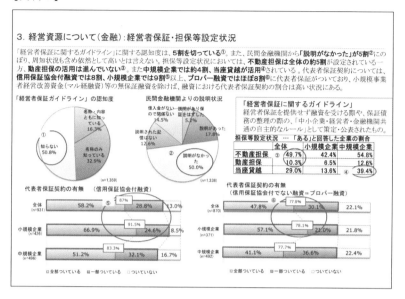

中小企業に正確な決算と誠実な対応（情報開示）を求めるためには、そのメリットを中小企業に認識させる必要があるだろうというお話であったと思います。

　アンケート調査をまたごらんいただきたいと思います。１の(8) （123頁）で、ガイドラインの策定が必要ではないかというところを受けて、その理由についての答えが１の(9) （124頁）です。そこでは、新しいガイドラインの策定が必要だと考えられるという金融機関・信用保証協会のうちの約72％が、平時における中小企業者の健全経営を促すガイドラインが必要だと答えております。これは、推測するに、平時の段階で中小企業から正確な決算と誠実な対応（情報開示）を求める必要があるのだというところの認識だと思います。

　他方で、弁護士は、この平時の新しいガイドラインの必要性については25％という低い数字になっております。髙井さん、これはどのように

分析していますか。

髙井　弁護士の髙井です。この図を見ると弁護士は8名で、①の「ガイドラインが必要」は8名全員が答えているにもかかわらず、②の「平時についても」ということに2名しか答えておらず、少ないということです。多分、平時の中小企業にとっては、非常に厳しい経営環境を生き抜くために、取引先の開拓など、そういうところに経営資源を集中するという傾向があって、健全経営を促そうということを、ガイドラインを策定しても、あまり利用されないのではないかというようなことを、実務感覚で持っているのではないかと、そういったことが表れているのではないかと思っております。

　先ほど中小企業がこういうことをするにおいて、何かインセンティブをという点について、鎌田さんからお話がありましたが、私も中小企業が利用する際にメリットが大きいと感じるインセンティブが必要なのではないかと思っております。

　例えば金融機関において柔軟な融資対応を行うという金融支援について、一定の範囲内において容易に行うような取引サービスを行うなど、そのようなものが実現できれば大きなインセンティブになるのではないかと思っております。

第2　正確な決算・誠実な対応（情報開示）のレベル感

1　アンケート結果

小林　ご指摘のあった中小企業にとってのデメリットの解消やメリットの付与（インセンティブ）は極めて重要な問題であると思います。この点は、後で触れることとして、第2の「正確な決算・誠実な対応（情報開示）のレベル感」を議論したいと思います。

　このレベル感については、アンケートの2の(1)（125頁）に記載がございます。先ほど藤原さんからも御紹介がありましたが、金融機関では決算書＋法人税の確定申告書一式、そして金融機関ごとの預金・借入金残高証明書＋資金繰り表、全てについての書類を求めるというところが

多く、半分くらいの割合になっております。

　他方で、税理士のアンケートでは、決算書＋法人税の確定申告書一式というところが多くなっています。35％ぐらいの割合ですかね。これは中小企業の規模にもよるかとも思うのですが、河原さん、この結果についてはどのように分析しておられますか。

2　情報開示のレベル感を把握する上での視点

河原　公認会計士・税理士の河原でございます。私は規模だけではなく、業種にもよるのではないのかと思います。金融機関がお持ちの情報と決算書と申告書一式を、丁寧にご覧いただければ、過去の財務状況のかなりの部分はご理解いただけるのではないかと思います。

　本日、アンケートにはございませんが、金融機関が知りたいのは、未来につながる情報ではないでしょうか。

　先ほど、中小企業が平時から取り組むためにはインセンティブが必要とご指摘がありましたが、どのような情報開示を行えば十分であるのか明確であるということが、事業者が取り組むモチベーション維持にも重要ではないかと思います。金融機関から明確な説明がないまま、後からいろいろ追加を求められるようなことがあると、終わりのない課題のように感じられることがあります。これは、金融機関に対する不信感にもつながるおそれがありますので、平時の開示書類については、事前に丁寧な説明があるとよいと思います。

　また、規模という点では、小規模事業者に関しては、私もこれは簡素化の開示でも問題はないように思います。正確な決算で課題のある企業の多くは、規模よりも経営者の誠実性によるもののほうが、実際は多いと思います。平時のうちに経営者が誠実性を保てるように、金融機関と支援機関が協調できる関係を築くことが何よりも大切ではないかと思います。

小林　鎌田さん、商工会議所のお立場からはどのように考えますか。

鎌田　ほとんどの中小企業は税理士に依頼して決算書や税務申告書を作

成しています。また、先ほどの東京商工会議所のアンケートのとおり、かなりの中小企業が試算表や資金繰り表も作成しています。

　しかしながら、作成した資料を自主的に全て金融機関に提出しているわけではなくて、求められたら提出するというのが実態のようです。決算書とともに税務申告書や残高証明書をどこまで提出するか、定期的に試算表や資金繰り表を提出するか等については、金融機関がどこまで求めるかによるかと思います。

　なお、中小企業の中には、試算表や資金繰り表を作成していても、必ずしも金融機関が求めるレベルにないということもあるかと思いますので、そのような場合には、金融機関から御指導いただければありがたいです。

　また、今後、クラウド会計やモバイルPOSレジによるIT化が進み、中小企業の財務情報を、金融機関や商工会議所でもデータで常に共有できるようになれば、「正確な決算」や「誠実な対応（情報開示）」もレベルアップするのではないかと期待しております。

小林　金融機関に提出する情報のレベル感についてはなかなか一致していないような気がいたします。個人的には、全体の方向性として、中小企業に「正確な決算」と「誠実な対応（情報開示）」を求めることはよいと思うのですが、あまり最初から高いハードルを設けると、なかなか浸透しないということもあるでしょうから、この辺は弾力的にすることも1つの考え方だと思っております。

第3　粉飾問題と正確な決算・誠実な対応（情報開示）の実現

1　粉飾問題の捉え方

小林　続いて、アジェンダの第3です。「粉飾問題と正確な決算・誠実な対応（情報開示）の実現」になります。これは粉飾と言うとちょっと言葉が強いので、不適切な会計処理というような言い方でもよいのかもしれませんが、この問題がなかなか難しいです。

　倒産局面に入った中小企業の実態を見ると、粉飾というか、不適切な会計処理をしていることは見られるところですが、やはり中小企業にとっても、これらの是正をするということが非常に重要だと思っています。

　御承知のとおり、経営者保証ガイドラインでは、その適用要件のところで、適時適切な情報開示を求めております。同ガイドラインでは入口、保証解除の段階と、出口、保証債務の整理段階とがあるわけです。それぞれの適用要件については、違いがあると思っておりますが、粉飾というか不適切な会計処理について、どの程度のものが許容できないのか、そのレベル感が難しいところです。この点について、アンケートの２の⑵（126頁）以下が具体的なアンケート調査になっております。

　まず２の⑵の㋐（126頁）では、「減価償却不足や長期滞留売掛金、長期滞留在庫の計上」については、約６割が経営者保証ガイドラインの適用を否定する「粉飾」というか、悪質な不適切な会計処理とは見ないとなっております。

　一方㋒（128頁）ですが、「金融機関別に異なる決算書を提出したり、預金残高や借入金残高を偽っていた場合」については、大多数が悪質だとして経営者保証ガイドラインの適用を認めるべきではない、認めないとしています。

　意見が分かれているのは㋑（127頁）で、「架空売上の計上や架空在庫の計上」ですが、金融機関や信用保証協会の方は、多数が粉飾に至った事情等を考慮しても、経営者保証ガイドラインの適用は認められないとお考えのようです。他方、税理士や公認会計士、コンサルタントの方々は、粉飾に至った事情等を考慮して経営者保証ガイドラインの適用を認める場合と認めない場合が拮抗しております。弁護士としては、経営者保証ガイドラインの適用を認めるほうが多いというようなアンケート結果になっているようです。

　髙井さん、弁護士の立場からはどのように受けとめますか。

髙井　この２の⑵の㋒（128頁）の、非常に悪質な粉飾の場合に、金融

機関の方が粉飾に至った事情を考慮しても経営者保証ガイドラインの適用は認めないとの、非常に厳しい御意見を持っていらっしゃるわけですが、実務で見てみますと、ケース・バイ・ケースなところもありますので、この粉飾に至った事情等を考慮しても認めないということであれば、ものすごく厳しいなと感じております。いろいろな事情がある場合ですので、一律に厳しい意見となっている点については少し意外な部分もありました。この辺は我々、代理人でやっている中で、いろいろな形で調整していくことでガイドラインの適用が成立する場面もあるかなと思っております。ケース・バイ・ケースの判断になるわけですが、ここは状況によって、また、その保証人のその場における対応において、何らかの挽回も可能なこともあるのではないかとは思っております。

小林　賀須井さん、支援協議会の立場からはいかがでしょうか。

賀須井　中小企業再生支援協議会でも、多くの抜本案件を手がけていますが、その現場感覚としては、金融機関の立場としては、もう極めて自然な回答だなと感じています。確かに悪質とも言える粉飾であるケースでも、仕入先や従業員の雇用などへの影響を考えて、法的整理ではなく私的整理を受け入れるという流れは定着してきていると思います。しかし、経営者に対する経営責任や保証責任は別の問題で、そこは厳しく対応するという状況にあると思います。具体的には、悪質な粉飾などが判明した段階で、経営者保証ガイドラインの利用は認めないというような案件もありました。

　つまり、このアンケート結果は、金融機関としては、「基本的には悪質な粉飾は認めない」という姿勢を示したと言えるものだと思います。一方で、「大目に見てほしい」と考えるプレーヤーとは相対する立場にあると考えるとわかりやすいのではないかと思います。金融機関としても、再生局面に至ってしまえば、総合的な判断で「大目に見る」ということもあろうかと思いますが、そもそも悪質な粉飾を一掃したいと考えているのであって、プレーヤーとしては平時から、中小企業における悪質な粉飾の撲滅に取り組む姿勢が必要になってくるのではないでしょうか。

小林 ありがとうございます。

では、和田さん、金融機関としてはどのようにお感じになりますか。

和田 平時という点から言えば、決算書は連続性で見ておりますので、一定の与信残高先に対しては、償却不足であったり、長期滞留売掛金、また、適正な在庫水準などを加味した実態財務諸表を作成して、社長とも実態財務について情報を共有するようにしております。一方、架空売上の計上や架空在庫の計上となってきますと、資金繰り表と精査するなどして確認するしか手立てがないため把握が難しく、これは基本的に悪質だと思います。ただし当金庫としては、社長がそうした事実を認めて、反省して、再生に向けた意思が確認できれば、支援の継続を検討していくことになると思います。その段階での経営者保証ガイドラインについては、ケース・バイ・ケースの対応ということになるかと思います。

ここで少し話は変わってしまうかもしれませんが、粉飾決算の是正という点で、元請などのお取引先に、毎期決算書の提出を求められる場合に、財務内容を修正することによって受注機会の喪失につながるケースもあるので、その是正をどうするかは難しい問題だと思います。

2 粉飾の解消・正確な決算・誠実な対応（情報開示）の実現

(1) 段階的改善

小林 ありがとうございます。この不適切な会計処理についてはいろいろな種類があるので、その種類ごとに対応が異なる、悪質な場合もあるし、ある程度仕方がないと見られる場合もあるし、許容できるかどうかぎりぎりなところもあるということだと思います。

ただ、今は経営者保証ガイドラインの適用の可否についての議論をいたしましたが、より重要なことは、中小企業がこういう不適切な会計処理をしている場合に、これを何とか是正して、正確な情報を金融機関に開示して、双方が共通した認識を持つことの実現だと思います。この点についてのアンケート結果が2の(4)、(5)（130頁、131頁）でございます。(4)では、「『正確な決算』『誠実な対応（情報開示）』を実現するに

は、一定の時間をかけて徐々に改善することが肝要との意見があるが、これをどう思うか」というと、約 7 割の方が「そう思う」あるいは「まあそう思う」というようなお答えでございます。

　そして(5)でも、「段階的に改善する方策は有効だと考えるのか」ということについても肯定的な意見が多いということになっております。

　賀須井さん、このようなアンケート結果についてはどのようにお考えになりますか。

賀須井　粉飾の是正ということを考えてみますと、やはり相応の利益が必要となりますので、まずは時間をかけて経営改善に取り組むということになろうかと思います。中小企業が「正確な決算」と「誠実な対応」を行うのであれば、金融機関は積極的に経営支援を行い、資金繰り支援を検討するというアンケート結果もございましたので（2の(7)（133頁））、まさにそうした段階を踏んで経営改善を目指していくというイメージなのだと思います。

　一方で、現場感覚からしますと、段階を踏んでということは現実的とは言えないケースも多いと思います。というのは、経営を改善することは「段階的に」ということになろうかと思いますが、粉飾を是正するに当たっては、一部だけ金融機関に伝えるということはできません。粉飾の内容については、その全てを説明するということになるのだと思います。粉飾を是正するとはそういうことではないかと思います。

　ここで言う「段階的改善」とは、中小企業と金融機関の信頼関係を段階的に構築すると捉えてはいかがでしょうか。

小林　「段階的改善」といった場合、粉飾内容を段階的に改善するのではなく、信頼関係構築や経営改善を段階的に行う過程で粉飾の是正も実現していく方法が現実的であるとの御意見と理解いたしました。鎌田さん、商工会議所としては、段階的改善について、どのように考えますか。

鎌田　一定の時間をもらって、金融機関との信頼関係構築や経営改善を段階的に行う過程で粉飾の是正も実現するというのは非常によい方法だと思います。

　そもそも中小企業の粉飾というのは、金融機関から資金調達をするために、財務内容を実態よりもよく見せようとするケースが多く、一度手を染めると嫌でも継続せざるを得なくなります。その中で、発覚したら事業継続できないということですと、なかなか金融機関に伝えることもできませんので、「正確な決算」、「誠実な対応（情報開示）」を行って、粉飾を改めることに金融機関が協力してくれるのであれば、大きなインセンティブになると思います。

(2)　その他の留意点

小林　髙井さん、粉飾の解消・正確な決算・誠実な対応（情報開示）の実現について、どのようにお考えでしょうか。

髙井　私も、中小企業に対して、「では、今すぐ粉飾している部分を是正しなさい」と言っても、心理的なハードルもありますし、簡単にはなかなか対応はできないのではないかと思います。中小企業側において、粉飾していたことが明確になってしまったら、現実的な何か悪影響があるのではないかというようなことも懸念するところと思われますので、１回で全て解消するということは、現実的には難しいだろうと思います。それで、段階的な改善方法にならざるを得ないのではないかと思われます。それでは、その段階的とは一体どのようにやるのかという点ですが、いたずらに時間をかけてやっていくことは好ましくないわけですので、２の(5)の回答肢①にある「３年程度」ということは１つの考え方ではないかと思っています。３年以上かけてしまうと、何が行われているのか曖昧になってしまいますし、その金融機関としても、是正措置を待つと言っても、そのまま長く待つことになってしまうことはあまり意味がないと思っております。さらに、こういうことがうまくいって是正ができた場合に、結果として大幅な債務超過になっていることが明らかになった場合にどうするのかも１つのテーマになるのではないかと思っております。そうした場合に、金融機関としてどのように対応するのか。リスケと経営改善という形になるのかと思いますが、場合によっては抜本再生まで考えなければいけないというような状況が出てくるかも

しれません。そういった対応もあわせて考えていかないと実務的な対応にはならないのではないかと思っております。

　それから、先ほど和田さんからお話がありました、金融機関と企業の間だけではなくて、例えば「元請への決算書の提出で受注機会を喪失」してしまうといった形で、企業が実務的に営業を継続していく上に、いろいろな問題が出てくる、そういった問題も一緒に解決していくことも重要かと思っております。

第4　粉飾の解消・正確な決算・誠実な対応（情報開示）のインセンティブ

1　アンケート結果

小林　賀須井さんと髙井さんとは方法論として、多少の違いがあるようですが、段階的にでも中小企業と金融機関の信頼関係が構築されることを目指すべきという方向では同じと理解いたしました。正確な決算と誠実な対応（情報開示）は、金融機関が目指している事業性評価融資や金融仲介機能を充実させるためにも有益で金融機関にとって望ましいことです。そして、現実にそれらが実現できていない状況を踏まえると、「それは当たり前のことだから実行しろ」と言っただけでは状況は改善しないと思われ、その改善しない状況は金融機関にとって好ましくありません。

　そこで、その状況を改善するために、今までご指摘のあった、中小企業にとってのデメリットの解消やメリットの付与（インセンティブ）の問題が出てくると認識しています。そのアンケート結果をもう一度見たいと思うのですが、アンケートの2の(7)（133頁）にアンケートの内容が出ております。「平常時において中小企業が『正確な決算』と『誠実な対応（情報開示）』を行うよう努めた場合、金融機関として企業に対するインセンティブとしてはどのようにすべきか」というところですが、大変興味深い内容だと思います。賀須井さん、どのように考えておられますか。

2　インセンティブについて

賀須井　先ほども少し申し上げましたが、金融機関からの非常に重要な
メッセージだと思っております。特に中小企業が「正確な決算」と「誠
実な対応」を行うように努めた場合には、金融機関だけをとりますと、
実に約63％が「④経営支援を積極的に行う」との前向きな対応を表明
しています。また、⑤の「資金繰り支援を検討する」というところも
40％近くあります。「赤字決算を組むと折り返し融資が出ないのではな
いか」などとよく言われていますが、そういうときこそ、しっかりと情
報開示をして、金融機関は早目に相談してほしいと考えていることだと
思います。中小企業の経営者の方には、この結果を積極的に伝えていき
たいと思います。また、中小企業の経営を支援している弁護士、それか
ら税理士の先生方などの専門家にも、このアンケート結果を十分に踏ま
えて対応していただきたいと思います。

小林　河原さん、今の賀須井さんのご発言についてどのように考えます
か。

河原　私も経営者が平時であるからこそ、思い切って情報開示をしてい
くことが効果的であるだけではなく、金融機関からも受け入れやすいと
いう、このアンケート結果をお話ししていきたいと思いますが、実際に
は平時からそのような行動をとることは容易ではありません。これは経
営支援の専門家が経営者と金融機関の橋渡しをしていくことは極めて重
要だと思いますが、平時の場合、多くの経営支援の専門家は、金融機関
とは遠い存在と思いますので、もっと親密になるべきだと再認識いたし
ました。

　ところで、税理士の感覚からしますと、粉飾を平時と考えることはな
かなか難しいことです。ただ、平時は解消可能な粉飾とすると、長期間
そのような会計を継続されていた会社が、前向きに解消されることは、
本日のテーマである「平時における経営健全化の取組み」の目指すとこ
ろであるとも思います。

　さて、粉飾の解消にはさまざまな場面があると思いますが、多くの経営者が高齢となり、事業承継が喫緊の課題となっていますが、粉飾していては、誰も安心して会社を引き継ぐことはできません。経営者交代を契機に、正確な決算開示に取り組む企業には、粉飾であることを開示しても融資を継続していただけるような時限的な支援があってもよいのではないでしょうか。その一方で、傷が小さいうちに撤退する判断の機会を先延ばしせずに、円滑な廃業支援も必要だと考えます。事業承継できない企業には、弁護士の協力を得て、経営資源の引き継ぎをもっと進めることができたらと思います。そういう意味で、ある一定の時間の余裕というインセンティブはあるとよいと思います。

　すなわち、平時であれば粉飾の原因を経営者とともに、金融機関と支援者で共有し、それを解消できるなら、ともに未来の経営をデザインして、事業計画を構築する歩み寄りの期間が許されるのではないでしょうか。平時のうちに経営者を中心に、金融機関と支援者のコミュニケーションの深化を進めていけたらとも思います。

小林　ありがとうございます。ただ、弁護士が中小企業から、粉飾をしていますが、これは今後の金融機関との信頼関係のためにも開示すべきでしょうかと相談されたときに、どう答えるかは難しい問題かもしれません。将来の経営支援もしてもらえるという話もあるから、積極的にすべきだと、そう言いたいところもありますが、開示したことがはね返って、いろいろなデメリットが生じると怖い部分もあるとは思います。髙井さん、いかがでしょうか。

髙井　非常に難しい質問が飛んできましたが、やはり粉飾が大きくて、このままではやっていけないとなると、ここはきちんと粉飾の内容を出して、出したことによって、そこからスタートだというようなアドバイスをする場合があるかと思います。すなわち、金融機関に支援を求めなければいけませんので、そこは誠意をもって粉飾の内容もきちんと開示し、その上で支援を受けるというように、ある意味のインセンティブになるわけだと思いますので、適時開示をしていくということも、そうい

う場合には、あると思います。他方、倒産の場面ではなく、一般的な場合については、皆さんおっしゃっているとおりに、この問題は金融機関と適切なコミュニケーションをどうとるかがテーマだと思っています。

　金融機関に相談に行ったら、いきなり融資を留保されるなど、「ああ、こんな状況だったら、来月のつなぎ融資はちょっと留保させてください」などと言われてしまうことがあれば、「こんなことをされたよ」と、すぐに中小企業間において情報として伝わって、金融機関にとっても中小企業にとっても、お互いにマイナスの影響が生じてしまいます。預金が相殺されたりする、そういうことも困るわけです。そのようなことがないような形で、信頼関係を築く形で話し合いが行えるということができればよいのではないか、ということが1つのテーマかと思っています。

　そこで、1つの提案ですが、銀行の担当者に対して、「実はこういう粉飾がありました」ということはなかなか言いづらいという場合であれば、その支店に、そのような相談窓口というか、適正化を相談、指導する窓口を設置し、通常の担当者とは別のルートで、通常の担当者からは情報を遮断した形で対応する部署を設置してはいかがかと思っております。その部署に相談すれば、「融資サイドには絶対に伝えない形で、指導を行います」などという形を取り、垣根を低くして、ざっくばらんな相談ができるような体制が金融機関側にあると、粉飾の是正について1つ進むのではないかなと思ったりもしております。

小林　和田さん、金融機関側の立場として、今の髙井さんのご意見、独立相談窓口のような制度があればよいということについて、どのようにお考えになりますか。

和田　私どものほうに今のような御相談が、もし修正を前提としたものがあった場合を想定しますと、事実がわかった段階で、私の部署の職員が営業店とともに、お客様と改善に向けた話し合いをスタートしていくのだと思います。今おっしゃるように、お客様の観点からすれば、そのような独立した相談窓口があったほうが相談しやすいということは重々

　わかるのですが、金融機関の現実としては、独立相談窓口を設けることは、難しいのではないかなと感じております。やはり日ごろの担当店舗、担当者との信頼関係の中で、理想的な話になってしまっているかもしれませんが、よくないこともご相談いただきたいと思います。

　そして、平時での「正確な決算」と「誠実な対応」に対するインセンティブというお話が出ておりますが、再三申し上げていることですが、問題点や課題を共有することによって、私たちも一緒に解決策の検討もできますし、金融支援においても、過去の財務内容にとらわれず、担保や保証に依存しない融資を柔軟に検討していくことができるのだろうと思います。平時のコミュニケーションにおいて課題や問題点を共有し、信頼関係を構築していくために、お互いに努力していくことが必要なのだと思います。

小林　鎌田さん、先ほど、「正確な決算」や「誠実な対応」を中小企業に一方的に求めるだけでは、中小企業にとってのメリットもないので、実現がなかなか難しいのではないか、中小企業にとってのメリットも示すべきだというような御指摘があったと思うのですが、2の(7)のアンケート結果（133頁）をどのように受けとめますか。

鎌田　中小企業が「正確な決算」と「誠実な対応（情報開示）」を行うように努めた場合に、「経営支援を積極的に行う」金融機関が62.9％もあるということは、大変心強く思います。特に「正確な決算」、「誠実な対応（情報開示）」を行って、粉飾を改めることに金融機関が協力してくれるのであれば、大きなインセンティブになると思います。

　平時においても、多くの中小企業は金融機関からの資金調達に不安を抱えていますので、これはやや難しい提案かもしれませんが、例えば非財務コベナンツによって、「正確な決算」、「誠実な対応（情報開示）」をしていれば折り返し融資が約束されたり、当座貸越枠が保証されたりするような仕組みができれば、金融機関、中小企業双方にとってメリットがあるのではないかと思います。

小林　和田さん、今の御提案についてはどうですか。

和田　非常にハードルの高い御要望だと思っておりますが、対応方法については金融機関によってさまざまだと思います。私どものところでそういったご相談をいただいた場合は、そのときの事業実態や将来見通し、資金使途、必要理由によって都度検討ということが、前提になっておりますので、当座貸越に代わって短期継続融資で対応することになると思います。いずれにしても、誠実性、適時適切な情報開示が確保されるのであれば、柔軟な資金繰り支援の検討が可能となりますので、先ほども申し上げましたが、平時のコミュニケーションにおいて課題や問題点を共有し、信頼関係を構築していくための努力を後押しするものとして、非財務コベナンツの仕組みは有効なのだと思います。

小林　ありがとうございます。中小企業が「正確な決算」と「誠実な対応（情報開示）」をし、そしてそれをもとにして金融機関と適切な信頼関係を築く、そのことが金融機関にとっても中小企業にとっても有益だということについては大体意見は一致していると思います。

　ただ、現実に中小企業が不適切な会計処理をしている場合は特にそうだと思いますが、情報開示を金融機関にしたことによって、自分たちの経営が危機に瀕するのではないか、例えば、折り返しの融資が受けられなくなるのではないか、もっと極端なことを言えば、預金の拘束を受けてしまうのではないか、そういった不安感があるわけです。そういった不安感を取り除き、そしてかえって金融機関との信頼関係を高めることによって、今後の経営支援につながるというようなことを、中小企業に説明することができるのかが重要と思いました。そのためには、やはりそういった社会的な方向性を目指すのだという意味で、新しいガイドラインが制定されれば、中小企業と金融機関が同じ方向を目指していることの共通基盤になるのではないかと感じます。

第5　条件付き経営者保証

小林　続いて、ほぼ時間がなくなってきているのですが、第5の「条件付き経営者保証」ということについて移りたいと思います。

　これは簡単に御意見をいただければと思います。アンケート調査の3の(1)（134頁）ですが、これでは結局、「中小企業者の経営者保証については条件付きで検討する必要がある」という回答が圧倒的でしたが、あまり活用はされていないようです。賀須井さん、どのように考えればよろしいでしょうか。

賀須井　アンケート結果の3の(2)（135頁）では、条件付きの経営者保証を検討している金融機関は約31%程度で、残りは検討していないというような状況ですね。実際に条件付き経営者保証の商品も出ているようですが、それほど利用は広がっていないと聞いています。3の(3)（136頁）で導入を検討している金融機関の意見としては、条件付き経営者保証を活用する上で、環境整備について、約87%の金融機関が、「契約書類について、金融業界における一定のコンセンサスが得られた書式が提供された場合」という条件を挙げている点は参考になろうかと思います。先ほど鎌田さんから、「非財務コベナンツにより誠実性、適時適切な情報開示を確保する仕組み」という点についてコメントがありましたが（86頁）、私も全く同感で、中小企業の場合には管理コストが重くなる財務コベナンツではなく、ごくごく簡単な非財務コベナンツによる条件付き経営者保証を検討すべきだと思います。

第6　ま と め

小林　経営者保証を求める理由として、経営の規律づけにあるとの指摘は数多いところでございます。経営の規律づけの観点からすると、この条件付きの経営者保証は非常に有効だと思います。

　ただ、一方であまり活用されていない理由としては、コベナンツがあまり多くなってくると、金融機関としてその辺のコベナンツのモニタリングが大変なのだという話もよく聞くところです。そこで、今、御指摘があった非財務コベナンツですか、例えば情報を正しく提供するというような、そういう定性的なコベナンツにすることにすれば、モニタリングもそんなに負担にならないのではないかと思いますので、ぜひこの条

件付き経営者保証が活用される方向になればよいと期待しているところでございます。

　皆様、最後に感想を一言ずつお願いします。

和田　本日は勉強させていただきましてありがとうございました。先ほどの東京商工会議所のアンケートで、経営者保証のガイドラインに関して、経営者の皆様の認知度が50％以下という数字がありましたが（【資料3】）、私たち金融機関は、そこの点について真摯に受けとめなければいけないと思っております。

　また、条件付きの経営者保証に関しては、アンケートでは私たちも検討していないと回答しましたが、このシンポジウムに参加することになり、いろいろ勉強していく中で、具体的な適用基準を検討して普及に努める必要があると感じています。今日は本当にありがとうございました。

鎌田　繰り返しになりますが、商工会議所が全国に515ございまして、3,411名の経営指導員が経営支援を行っております。その中で事業承継、経営者保証など、もちろんいろいろ相談を受けているのですが、中小企業の中には結構、商工会議所には相談しにくい、やはり知っている地元の人なので、これはメインバンクにしか相談しない、顧問税理士にしか相談しないという方もいらっしゃいます。それはそれとして、皆で連携して支援していければと思っておりますので、引き続きよろしくお願いします。

河原　本日はありがとうございました。今日お話しできませんでしたが、金融を取り巻く環境、デジタルテクノロジーの進化で、特に小規模事業者の中では、データレンディングは予想以上の速さで広まりを見せています。近い将来、伝統的融資と違う問題も出てくると思います。私は早期再生と予防のためにも、新しい時代に即応した健全化ガイドラインが早くできることを期待したいと思っております。本日はありがとうございました。

髙井　弁護士の髙井です。私は次の【Part2】にも出ますので、またそのときにまとめてお話したいと思います。今日はどうもありがとうござ

いました。

賀須井　中小企業再生支援全国本部の賀須井です。本日はどうもありがとうございました。アンケート結果と、それからパネラーの皆様のお話を伺って再認識したことは、中小企業の粉飾決算の問題を是正することは非常に難しいというか悩ましいということかなと思いました。プレ405事業の利用などを通じてお互いの関係づくりから始めるのがよいと強く感じました。平時のガイドラインでは、中小企業と金融機関の信頼関係を構築するということが一番の目的になろうかと思います。ガイドラインで一定のゴールを提示するということが非常に重要だと思っております。

　本日はどうもありがとうございました。

小林　皆様、本日は本当にありがとうございました。

パネルディスカッション【Part2】

中小企業の主債務（企業の債務）の整理のあり方

〈パネリスト〉　常陽銀行 融資審査部・企業経営支援室長　**中野　崇之**

弁護士　**髙井　章光**

中小企業再生支援全国本部 顧問　**藤原　敬三**

〈コーディネーター〉　弁護士／事業再生研究機構代表理事　**小林　信明**

∞∞

はじめに

小林　それではパネルディスカッション【Part2】を始めたいと思います。【Part1】では平時における中小企業と金融機関のつき合いのあり方、どのようにして信頼関係を築いていくのかについて議論したところでございます。

　少し休憩があったので、その間に参加して頂いた皆さんからの感想をお聞きしたのですが、粉飾をしている中小企業がそれを直すということは相当難しいのではないか、金融機関との信頼関係はそんなに簡単に築けるのかという、もっともな御意見をたくさんいただきました。それは重々承知の上で、だからこそ新しいガイドラインが必要なのではないかと考えているということでございます。

　それでは、【Part2】に移らせていただきます。

　【Part2】の登壇者についての御紹介とさせていただきます。

　中野　崇之（なかの　たかゆき）様（常陽銀行 融資審査部・
企業経営支援室長）

　髙井　章光（たかい　あきみつ）様（弁護士／髙井総合法律事務所）

　　藤原　敬三（ふじわら　けいぞう）様（中小企業再生支援全国本部
　　　　　　　　　　　　　　　　　　　顧問）
　私は、【Part1】に引き続きましてコーディネーターを務めます小林信
明です。
　どうぞよろしくお願いします。
　【Part2】は事業再生時というか、中小企業の債務整理時の新しいガ
イドラインについてでございます。

第1　中小企業・小規模事業者の事業再生・清算の現状

小林　藤原さんの基調報告でもありましたが、アンケートの1の(1) (116
頁)、(2) (117頁) によれば、中小企業や小規模事業者において事業再
生・事業清算が必要な企業は多くあるということが認識されていなが
ら、早期対応が十分ではないという意見が大半を占めております。その
要因としては、1の(3) (118頁) ですが、これは事業者側と金融機関側
の双方の問題であるという答えが80％を超えております。パネリストの
皆様方も同じような感覚をお持ちだと思います。
　それでは、事業者側、金融機関側それぞれの要因について検討してい
きたいと思います。

1　事業者側の要因

小林　まず、事業者側の要因として、アンケートの1の(4) (119頁) で
は、「経営者の経営に関しての問題意識が低い」という回答が圧倒的で
ございます。この点について中小企業再生支援協議会の全国本部におい
て数多くの事業再生事案を見てこられた藤原さんはどのようにお考えで
しょうか。
藤原　藤原です、よろしくお願いいたします。
　まず、この点に関しては、アンケート結果はごく自然な回答であると
受けとめます。複数回答のうち、経営者の問題意識が低いという回答が
約85％と飛び抜けていますが、これを全て経営者の責任であると決めつ

けるべきではないと思います。人間の病気で言えば、人間ドックを受けて、血圧や血糖値など、その他の数値によって自己管理するという仕組みが定着しています。しかし、企業の病気に関しては、こういう仕組みがありません。したがって、例えば、現金商売の会社は、多少赤字が続いていても、現金が回っているという経営状態においては、自覚症状だけに頼ってしまうということになるのだと思います。気がついたときには、既に重症になっているというケースが非常に多いわけです。

　こういうことを考えれば、やはり健全な企業についての目安というか何らかの数値基準的なものがあってもよいのではないかと思います。それは金融機関が平時から把握して指導すべきなのだという意見も否定しませんが、金融機関にそれができていたら苦労しないわけで、現実に将来を考えていくとしたら、やはり目安というか数値基準的なものを示すような、そういう仕組みを作り、その目安を皆で共有していくということが必要ではないかと考えます。それができればこの問題は大きく変わっていくのではないかなと、そんな気がしております。

小林　それでは、債務者サイドの代理人として事業再生や事業清算にかかわってこられた髙井さんはどのように見ていますでしょうか。

髙井　弁護士の髙井です。１の⑷（119頁）、「経営者の経営に関しての問題意識が低い」との点、そのことについては、「経営における危機管理の意識、危機認識」が低いという趣旨であれば同感であり、このアンケート結果と同じ思いでおります。経営者は平時の経営について積極的に考え、また実践していくというところで、非常に能力を発揮するのですが、経営危機状況の認識や対応においては、甘さが出てしまうケースが多いように感じています。まだ大丈夫だと思っていたり、判断枠組みが小さ過ぎて、会社や事業全体の問題という捉え方ができていないという場合が多く、結果として早期の対応が遅れてしまうということで、こういう形になってきてしまうのではないかと思っております。金融円滑化法以前では、そういう場合に金融機関から厳しい意見があって、それによって危機をそこで認識するということがあったわけですが、現在は

そういう状況でもございませんので、さらに早期の対応が必要だというところについてどうするのかということは1つの課題だと思っております。

小林　中野さん、金融機関としてはどのように見ていらっしゃいますか。

中野　常陽銀行の中野と申します。本日はよろしくお願いいたします。

　やや観念的なお話になってしまいますが、よく人は「見たい現実しか見ない」ということを言われます。経営者にとって経営危機という状況が見たい現実なのか、それとも見たくない現実なのかとなりますと、恐らく見たくない現実で、「見たくない現実なので、見ません」というような経営者が多いのかなと思っております。そんなときに、私ども金融機関が、しっかりその経営者の方と対話をして、気づきを与えてあげるというようなことが必要になってくると思いますが、そういったことをやっていくに当たって、先ほど藤原さんがおっしゃっていた健康診断、そのような仕組みが具体的にでき上がってくると、我々としてもその対話がしやすいのかなと思っております。

小林　ありがとうございます。中小企業の経営者としては、金融機関からの借り入れがあったとしても、低金利で、利息の支払いはあまり多くはない状況となっている。そして、金融機関がリスケについても応じてくれて、あまり厳しく返済について言われないとなると、なかなか経営危機の気づきということは難しくなる。あるいは気づいたとしても、それについての対応は決断しない傾向になると思います。皆様方の御指摘はそういうことだったと思います。また、藤原さんから御指摘がありましたが、そのためにも企業が健康診断を受ける仕組みが有益であるという点は、非常に重要な指摘であったと思います。

2　金融機関側の要因

小林　次に、金融機関側の要因について検討したいと思います。アンケートの1の(5)（120頁）ですが、これを見ると、「支援ノウハウ・支援人材の不足」が75％を超えて一番多くなっております。また、「事業

者（経営者）との信頼関係が構築できていない（コミュニケーション不足）」も55％を超えて大きな要因の1つとなっているようです。この点について、中野さん、どのようにお考えですか。

中野　事業再生と不良債権処理の問題を、同じ文脈でお話させていただきたいのですが、1990年代の後半から2000年代の前半にかけて、不良債権問題が銀行の経営を大きく揺るがしていたときには、銀行は、その経営資源の多くを不良債権処理問題に割いていたという現実がございます。翻って、最近の状況ですが、これはあくまで個人的な見解ということでお話しますが、銀行が不良債権の発生に備えて積む貸倒引当金について、ここ数年の状況を見ますと、歴史的と言ってもよいぐらい低水準となっております。こうした状況の中で、これはどの金融機関にも共通することかなとは思っているのですが、これまで、事業再生、不良債権処理問題に割いてきた人材、経営資源を、ほかの戦略分野に振り向けるといったことが起きているのかなと思っております。御案内のとおり、私どもを含む地域金融機関は、マイナス金利や人口減少といった、非常にネガティブな外部環境にさらされているので、早急に新しいビジネスモデルを構築しなければいけないという事情がございます。一方で経営改善、事業再生といった分野は、重要性は認識しているけれども、効果が出るのに時間がかかるので、緊急性は、ちょっと先送りというようなところで、経営資源の投入の優先順位が低くなるということは、ある程度しようがないのかなと思っております。ただ、その結果、金融機関の現場で何が起きているかというと、事業再生分野の経験が少ない、あるいは全くその経験がないという人間が、営業の現場の第一線で、事業者の方々とコミュニケーションをとっていくということになるのですが、そもそもどうやってコミュニケーションをとったらよいのか全くわからないというような状況でやっておりますので、相互のコミュニケーションのずれのようなものが出ていると思われます。これは金融機関全体に言えることだと思いますが、非常に構造的な問題で、悩ましいなと感じているところでございます。

小林　ありがとうございます。藤原さん、この金融機関側の要因のアンケート結果についてはどのようにお考えですか。

藤原　そうですね、今、中野さんから実態のお話があったのですが、全く同感です。ちょっと輪をかけて言うようなことになるのですが、今、地域金融機関では、再生支援室や経営支援室というものがなくなっていく傾向にあります。実際に債権放棄などの抜本的な事業再生を経験したことのある人は、もうほとんどおられません。堂々と「いません」とおっしゃる金融機関もあるくらいです。また、金融機関自体の経営環境の厳しさを考えると、事業者とのコミュニケーション不足もやむなき現実だと思います。このような現状において、事業性評価が声高に叫ばれてはいるのですが、金融機関としてそれだけのエネルギーを投入できるような企業は極めて限られているはずです。このような現実を踏まえて、効率的かつ有効なコミュニケーションをとれる仕組みのようなものこそが、今の世の中に必要となってきているという気がしております。

小林　髙井さん、同じ質問ですが、事業再生や事業清算が進まない理由として、金融機関の要因をどのようにお考えですか。

髙井　皆さんが何度もおっしゃっているとおり、金融機関側の問題として人手不足、それからコミュニケーション不足、それからノウハウの伝承がうまくいっていないという問題があると聞いております。片や、その金融を受けるほうの会社、中小企業のほうはどうかといいますと、これまた今大変な問題を抱えており、地域の過疎化の問題であり、人手不足であったり、また厳しい事業環境の中で、自らの問題として事業承継の問題を抱えたりしておりまして、むしろそのような、金融機関からも支援を必要としているというような状況に逆に至っているという中で、先ほど話が出たように、金融機関自身においては合理化が進んで、なかなかそこは手当てできていない状態であるということは、非常に難しいというか危険な状況になっていっているのではないかと懸念しております。

小林　大変悲観的な御意見なのですが、今の１の(5)の設問に対する個別的な意見が、141頁～142頁に記載されております。

　例えば、この個別意見においては、「メインバンクとしての関係が希薄化している」、「漫然とリスケを繰り返している金融機関が存在する」というような意見がある一方で、「金融機関側に事業再生や事業清算について着手するインセンティブがない」という意見もございます。中野さん、この中小企業・小規模事業者支援の早期の事業再生・事業清算における金融機関側のインセンティブはどのようにお考えでしょうか。

中野　早期の事業再生、事業清算は、金融機関にとってみれば、ロスを伴う手続でございまして、本音を言えば非常につらいという状況ではございますが、あえて申し上げると、金融機関にとって経済的な効果を伴う定量的なインセンティブと、経済的な効果を具体的に見積もることが難しい定性的なインセンティブと、この2種類が考えられるのかなと思います。

　まず定量的なインセンティブについてですが、例えば、早期の事業再生を果たすことによって、銀行がその貸倒引当金を取り崩すというようなことが考えられます。ただ、その貸倒引当金については、事業再生の着手初期の段階で、あらかじめ積んでおいたものを取り崩すだけですので、長期的に見れば銀行のコストということで言えば恐らく、マイナスなのかなと思っています。それから、あと何が考えられるのかなというところでいきますと、経営改善支援や事業再生といったことについて、銀行、金融機関として、フィーをいただくみたいなこともあり得るのかなとは思ったのですが、優越的地位の濫用という問題であったり、あるいはほかの金融機関との衡平性の問題などもあるかもしれませんので、なかなか現実的には難しいのかなと思っております。ですので、定量的なインセンティブと言うよりも、地域の雇用の維持であったり、あるいは連鎖倒産を防ぐというようなことであったり、我々が損失をこうむっても、これはやり遂げなければいけないといった、定性的な要素に対し、インセンティブが生じるのではないかと思っております。早期の事業再生を果たせれば、その後、例えばその取引の拡大を追及するということで、改めて定量的なインセンティブは生じてくるというようなこと

はあり得るかなと思っております。

小林　ありがとうございます。

　経営者保証ガイドラインでは、早期の事業再生に着手すれば、再生が可能となり、回収額を多くすることができるということで、定量的なインセンティブがあるのではないかということが記載されているのですが、今のお話で本音的なものが伺えたと思います。つまり引当金のところで言うと、やはり金融機関としては定量的なインセンティブが働きにくいということかと理解しました。

　加えて、金融機関側の事情を検討しますと、人材・人手が不足しているという構造的な問題があるように思います。こうした状況を踏まえますと、早期の事業再生に向けての協力関係を実現するためには、【Part1】で議論した、金融機関と中小企業との間で平時のコミュニケーションが確立していることが重要だと思います。そして、有事になったときには、この定量的なインセンティブとともに、定性的なインセンティブも重視していただいて、コミュニケーションを密にして、金融機関と中小企業が協力して、早期の事業再生等に着手できることが一番よいと思います。

第2　中小企業・小規模事業者の事業再生・事業清算にかかる制度

1　アンケート結果

小林　続いて、アジェンダの第2に移ります。「中小企業・小規模事業者の事業再生・事業清算にかかる制度」でございます。

　これまでに概観したように、中小企業・小規模事業者は厳しい状況にあるものが多いということが言えます。さらに、中小企業・小規模事業者と金融機関との関係は希薄化しているということも言えるようで、十分なコミュニケーションが図られていない状況もございます。その状況下で、実際に、債務整理を行う制度として、どういうものを考えるべきかという問題です。今は中小企業再生支援協議会があるわけでして、ア

ンケートの１の⑹（121頁）の回答では、「中小企業再生支援協議会が十分に機能しているのか」という問いについて、約44％が十分だとなっております。そして不十分だというものが約56％と評価が２つに割れています。この点については藤原さんの基調報告のところでも触れておられましたが（12頁）、これについての分析を改めてお聞かせいただければと思います。

藤原 このアンケート結果は、慎重に受けとめるべきであると思っております。ただ、中小企業再生支援協議会だけで十分とする意見と、不十分という意見が分かれているということは、見方を変えれば、支援協議会がそれなりに浸透してきたという受けとめ方もできるのかなと考えています。ここで、改めて支援協議会について申し上げておきたいのは、中小企業再生支援協議会というところは事業再生がメインなのであって、債務整理がメインではないのです。事業再生をメインで支援して、さらに必要であれば債務整理も支援するという考え方を基本にしております。だからこそ、リスケが多いのです。支援協議会の完了案件全体の約８割がリスケ、約２割が債権放棄となっています。ただ、２割でも社数としては結構な数にはなります。このような支援協議会の考え方が、債権者である金融機関に、好まれてきたのではないかと受けとめております。法的整理手続と私的整理手続の違いを論ずるうえで、私的整理が好まれている理由の中に、商取引債権者を巻き込まないということがよく言われております。確かにこの問題もあるのですが、もう１つ、金融機関が計画づくりに参画できる、意見が言えるという点も大きいのではないかと感じます。さらには、支援協議会では第三者による調査報告書も提出されます。この点も一定程度大きい要素かと感じています。これはADRも同じだと思います。やはり手続実施者による調査報告書が出されます。この調査報告書があることにより、金融機関は同意手続を進めやすくなるということではないでしょうか。

　もしそうだとすれば、そのような仕組みがほかにも広がればよいと感じます。確かに特定調停の手続では、現状、このような取り扱いは難し

いのかもわかりません。ただ、もしいろいろな数値基準や考え方が、このガイドラインの中で示されることになり、特定調停でもそれをベースに利用されるとすれば、金融機関も受け入れやすくなる、そういう効果も出てくるのではないのかなとは思っています。

　いろいろ申し上げましたが、結論としては、再生の考え方や数値基準というものが、このガイドラインの中で何らかの形で示されることが必要なのではないかと思っています。

小林　それでは中野さん、支援協議会は十分機能している、それで制度としては十分だという意見と、まだ不十分なのではないかという意見があるわけですが、これについてはいかがですか。

中野　制度としては十分だと思うのですが、量的な問題として若干不十分なのかなと思っております。今から申し上げるのは、地銀協のホームページに掲載されている「地方銀行における地域密着型金融に関する取組み状況」（2017年度）から引いてきた数字ですが、地銀協加盟行は全部で64行あるのですが、この地銀協加盟行における「経営改善支援取組み先」というフラグを立てている取引先は全部で２万8000先余りということのようです。中小企業は全部で300万社、そのうち金融円滑化に伴う条件変更実施先が全国で30万、40万とか言われているという状況からすると、その２万8000という数字は非常に少ないとは思う一方で、では、経営改善が必要な取引先に対して全てフラグを立てて全部やっていきましょうとなった場合に、支援協議会の手続だけで十分なのかとなると、多分量的に、なかなか無理があるのかなと感じております。もちろん金融機関のリソースの問題もございまして、なかなか実効性のある取組みは難しいのかなと思っております。以上です。

小林　髙井さんはどのようにお考えですか。

髙井　そうですね、支援協議会が一定の役割を果しているという中で、特にどの辺がというと、１つは、非常に小規模な企業で、金融機関においてメインバンクとしての行動を取らない、メインバンクが不在のような場合が考えられます。金融機関が積極的に支援をしていくというモチ

ベーションがあまりないような小規模の事業者や企業については、なかなか難しい面もあると感じています。金融円滑化法が終了する際において、その小規模企業、事業者の問題をどうするかで、日本弁護士連合会が検討したときにも、小規模事業者等をターゲットとして、特定調停という形で、債務者主導というか、債務者から整理手続に持っていくというような形をとったらどうかということも、そのような発想によったものでした。

小林　ありがとうございます。藤原さん、今お２人のお話を聞いて、どのようにお考えですか。

藤原　支援協議会では、小規模企業というのも数多く対応しています。その際の基本的な考え方、運用をちょっと御紹介します。事業面の再生により安定した利益が見込まれて、仕入代金の遅れや、従業員の給与の未払いもなくて、税金や社会保険料の滞納もない、利益の範囲内で利払いができる、こういう条件が満たされれば、金融機関に債権放棄を求めない場合に限って、十分合格企業であるとする支援基準を設定しております。金融機関に債権放棄を求める場合には、それに加えて実質債務超過の解消年数などのプラスアルファが出てまいります。はっきり言えば、債権放棄を求めるか求めないかによってここの基準を分けているということでございます。現場では今、債権放棄とM&Aを組み合わせ、さらにはスポンサーによる一括弁済というような形の事案が増えてきております。このような場合には、ケース・バイ・ケースではありますが、数値基準だけにとらわれない柔軟な運用も必要になってくるのだろうと思います。このような流れはこれからも続いていくのだろうと感じています。

　このように、支援協議会の制度は、平時の事業改善の段階から支援して、リスケという段階、それから債権放棄という段階、さらには、最近では再チャレンジというか、廃業支援的なところまで広くカバーしているのです。これ自体はすばらしいことだとは思うのですが、先ほどお話しいただいたように、現実のキャパシティからして全てをカバーすると

いうことは到底無理です。そこのところをしっかりと受け止めなければいけないと思います。つまり、中小企業再生支援協議会という中小企業の病院はそれなりに育ってきたと思うのですが、この病院1つで全てが対応できるはずはないのです。そういう意味でも何らかの手立てが必要だと思っています。

小林　ありがとうございます。アンケートの1の(7)（122頁）ですが、現在の制度だけでは不十分とする理由としては、「事業再生が必要な中小事業者は多数あり、中小企業再生支援協議会だけで対応できる規模ではない」というような回答が多くなっています。それは藤原さんの今のお話と同じ方向性のものだと思います。この点については、先ほど日弁連の特定調停スキームについて髙井さんが御説明されておりましたが、つけ加えて何かございますか。

髙井　そうですね、非常にその数が多いということのほかに、多分小規模な企業が多くなってきているのではないかと思われます。小規模な企業の場合ですと、なかなか事業再生、私的整理で行うにおいても、うまくいく可能性が中堅規模よりもぐんと下がっていくわけです。廃業の可能性も出てきてしまう。そういったことを踏まえた上で対応していくということで、特定調停スキームでは、その費用が安くて手続が簡素だということと、廃業にも対応できること、裁判所の中でやっていく手続ですので、公正な手続で運営されています。ただ、新しい手続ですので、それをどうやってやっていくかについては、非常にいろいろな周知も必要でしょうし、利用の改善も必要だと考えています。特定調停については、今申し上げたとおりですが、手続の利用者から言えばいろいろな状況がございますので、特定調停に限らず、いろいろな方法で対応できるようなメニューが多くあったほうがよいと思っております。

2　小規模事業者への対応

小林　この設問の個別意見が142頁〜143頁でございますが、その個別意見を見ますと、髙井さんの意見と同じく、小規模事業者への対応などの

ためには、支援協議会の手続よりももっと簡易・機動的な手続が必要な
のだ、あるいは廃業支援を行うためには、今の制度では不十分だという
意見が記載されております。今の髙井さんの御発言と基本的には同じ方
向の意見だと思います。この特定調停スキームについて、一般にはなじ
みがないかもしれませんが、中野さんとしてはどのようにお考えですか。

中野 特定調停スキームについては、当行としてまだ活用した事例がご
ざいませんので、果たしてそれが簡易的で機動的な手続なのかが肌感覚
として理解できていない部分はございます。そんな中で、恐らくです
が、特定調停スキームについては今後、地方の企業、地域金融機関、あ
るいは地方の弁護士の先生が主役になっていくのだとは思うのですが、
大変失礼な言い方になってしまうのですが、地方の弁護士の先生が、こ
ういった手続についてどこまで周知されていらっしゃるのかについて
は、今後手続を浸透させていくに当たっての課題かとは思っております。

小林 まだ特定調停スキームの経験がないというお話でした。今日も多
くの弁護士が参加しておりますが、特定調停スキームの周知や活用に向
けての積極的な活動は必要かと思いますので、弁護士の皆さん、頑張っ
て頂ければと思います。私も一弁護士として頑張ります。

　藤原さん、この特定調停スキームについてどのようにお考えですか。

藤原 まず、支援協議会だけではできないゾーンを、特定調停でやって
いただきたい、利用が進んでほしいという気持ちは、今後とも変わりま
せん。ちょっとここで御紹介したいのですが、先ほどの【Part1】にお
いて粉飾の開示や、段階的に、一定の猶予をというお話がありました。
考えてみると、支援協議会の暫定リスケはまさにそういうものです。支
援協議会で暫定リスケする企業は、もう軒並み粉飾をしています。そこ
でこれからの３年間で具体的にどうするのかという話をするのが支援協
議会の暫定リスケなのです。暫定リスケはたくさんの企業に実施してい
ますが、それでも全体からみれば未だにごく一部だと思います。そう考
えると、支援を必要とする企業が多い、そして、その経営者の背中を
押す仕組みがないというところが現実の大きな課題だと思います。つま

り、支援協議会はそれなりに一生懸命やっていますが、明らかに不十分なのです。全国には支援協議会に相談できていない企業が未だたくさんあります。この企業群を動かす仕組みを構築することに加えて、受け皿も当然必要なのだろうと考えます。アンケートの意見の中に支援協議会をもっと充実させて人員をたくさん……という意見もありましたが、それはいかがなものでしょうか。それよりも、支援協議会以外の受け皿を考えるべきであり、そう考えると特定調停が候補に挙がるということはごく自然な流れだと思います。

　ただ、残念ながら、お話にあったように、金融機関に対してなじみが薄いということが現実なのだろうと思います。したがって、このガイドラインができて、再生の考え方など一定の基準が示されるようになる、そうなると、結構利用されるのではないでしょうか。さらには、難しいのかもしれませんが、第三者による調査報告書のようなものがあれば、金融機関なども、より受け入れやすくなるのではないかというような気がしております。

　さらに、小規模の話にちょっと触れますが、例えば従業員が1人、2人といった小規模の企業の場合にどう考えるのでしょう。確かにそれほど面倒な手続や費用がかけられないという声もあるかもしれませんが、そういう場合には、ひょっとすると、「廃業＋経営者保証ガイドラインの単独型」というものが現実的というか、あるいは機動的というか、そのように考えてもおります。地域金融機関が私的に債権放棄をするという場合は、もし債権放棄をするのであれば、たとえ小規模であっても、その事業が地域にとって本当に必要なのだろうか、代わるものがないのだろうかということの理由は当然必要になるわけです。さらに、その妥当性も含めて、取締役会決議まで経なければいけないということを考えると、金融機関の中の手続はかなり重たい、スピーディーな対応を期待することは厳しいと思います。であれば、スピーディーに再チャレンジできるような支援の仕組み、つまり「廃業＋経営者保証ガイドラインの単独型」の方が、直接の債権放棄型よりも、経営者にとってプラス、あ

るいは社会的に見ても、スピード感があってよいのではないかとも考える次第です。現実には、支援協議会でも小規模企業の債権放棄はたくさん行っていますが、その多くは第二会社方式、つまりスクラップ・アンド・ビルドです。

小林 ありがとうございました。中小企業・小規模事業者の債務整理については、支援協議会は非常に成果を上げていますが、制度としては、現行ではまだ不十分だというお話であったと思います。量的な観点からも、賄いきれないということかと思います。そこで、その支援協議会の不足を埋める制度としては、特定調停制度に期待が寄せられているわけですが、特定調停はあまりなじみがないというか、利用が進んでいないという指摘もございました。その背景には、金融機関への周知活動が不足していることもありますが、今、藤原さんから、新しいガイドラインがこの特定調停制度の利用の促進につながるのではないかという御指摘もあったところです。

第3 「中小企業者向けの私的整理ガイドライン」策定の必要性

小林 そこで、アジェンダの第3の「『中小企業者向けの私的整理ガイドライン』策定の必要性」というところに移りたいと思います。

1 アンケート結果

小林 アンケート結果を見たいと思います。1の(8)（123頁）と1の(9)（124頁）ですが、「中小企業者向けの私的整理ガイドライン」の策定の必要性については、80％以上の方から肯定的な意見があったということです。その理由が1の(9)で、「平時の段階でのガイドラインが必要」なのだという意見もありましたが、これは先ほど【Part1】でお話したところです。

　一方で、1の(9)の①では、「既存の手続では対処しきれない中小企業・小規模事業者について幅広く対応できるガイドラインが必要」であ

ることも、かなりの割合で回答があったところです。この債務整理についての新しいガイドラインの必要性について、あるいは必要とされる場合の内容等について、中野さん、御意見をいただけますか。

2　アンケート結果の評価

中野　現在用意されている準則型の私的整理の手続ですが、手続としてかなり重厚であったり、手続費用の問題であったり、あるいは、かなりの長期間を要することで、事業者が疲弊してしまうといった側面も抱えているのかなと思っております。ですので、使い勝手がよいというか、間口が広いガイドラインというようなものが制定されれば非常に有意義なのかなとは思っております。ただし、使い勝手がよいと言いましても、例えば債権放棄を伴うような手続につながるということであれば、その新しいガイドラインが、その手続の衡平性や透明性といったものをしっかり担保するというようなものになっていくことが望ましいのかなと思っております。

小林　具体的にどのようなケースを対象として考えているのでしょうか。中野さんのご経験において、このようなケースについて対応できるようなガイドラインがあれば良いのに、と思われるようなケースがありましたら簡単にご説明下さい。

中野　若干飛躍してしまうかもしれないのですが、債権放棄には税の問題がついて回るということで、直接放棄の場合に、無税償却ということを実施するわけですが、ガイドラインの中で、こうすれば無税償却が検討できるというような一定の指針のようなものが示されればよいのかなと感じております。

小林　それでは、債務者代理人となることが多い髙井さんはどのようにお考えでしょうか。

髙井　私も中野さんと同じ考えで、ガイドラインの必要性を感じております。ただ、非常に規模が小さかったり、廃業の危機に瀕している、手続費用を支払うことも難しいようないろいろな問題を抱えている企業が

多いものですから、ある程度臨機応変な対応がないと使われないように
なってしまうというところは注意をする必要があると思います。そう
いった前提を置いた上で、債務免除を中心とした抜本再生も実現できる
ものであれば、非常に期待ができると思っております。先ほど、免除し
た場合の損金処理、税務上の対応ということも重要だと、中野さんの御
指摘もありまして、私もそう思っております。1つは、そういうことを
盛り込めればよいのですが、先ほど申し上げたように、いろいろなもの
を盛り込むと、なかなか使いにくくなるということもあるとすれば、税
務面については特定調停を使うとか、それとも法人税基本通達によって
処理するといった運用を定着させるということも1つかなと思っていま
す。さらに、今、再生整理でも、中小企業の私的整理の場合に、第二会
社方式というものがほとんどですが、いろいろな許認可の問題がある場
合や、取引上、ライセンス契約を受けている場合など、第二会社方式で
はなかなか難しいような場合もありまして、その企業を残したまま債務
免除する、それが円滑にできるような、そこまで踏み込めるようなガイ
ドラインができるとよいなと思っております。

小林　藤原さんはどのようにお考えでしょうか。

藤原　この点に関しては、正直、若干違う意見を持っています。という
のは、先ほども御紹介したのですが、小規模企業の抜本再生というもの
は、基本的にスクラップ・アンド・ビルド、つまり第二会社方式のほう
がなじむのではないかと考えています。もちろん直接放棄を完全に否定
しているわけではなく、必要な場合は、既に支援協議会も含めて、準則
型の私的整理手続を使えば十分対応はできることになっていると思いま
す。また、税の話もあったのですが、まず特定調停を使えば、無税処理
については既に確認済みのはずだと思います。それ以上に、何か別の税
を取る必要があるのでしょうか。

　先ほど、第二会社方式がよいというお話をしましたが、手続費用がな
い、税金も払えないという状況の中で、金融機関の同意もとらずに、あ
るいは滞納税を放置したまま、第二会社方式で処理してしまうというよ

うな悪質な事例を目にすることがあります。特にこれからM&Aが多くなってくると思うのですが、事業譲渡後に租税債権や労働債権、本来優先されるべき債権が毀損されるようなケースが多発してくることは大変危険だと感じています。

　このガイドラインで特別な税務メリットを求めるのではなく、債権放棄をするのであれば、既存の準則型の私的整理手続、特定調停を利用するという形でよいと考えます。支援協議会では、直接債権放棄に限らず第二会社方式による実質的な債権放棄に関しても、税は丁寧に対応し、国税庁を含めて関係各方面からの信頼を勝ち得ていくというスタンスが非常に重要であると考えています。このように、信頼を得て広く活用されるためにも、私的整理に関する手続面や内容の考え方、債務整理を行うに当たっての債務者と金融機関の双方の取組みのあり方、姿勢についての基本スタンスを合意していく、そういうところについて、紳士協定として合意していくということが非常に大切なのではないかなと、私はそのように考えております。

小林　ありがとうございます。小規模事業者も含めた債務整理のためには、間口が広く、使い勝手がよい手続、そういうことが新しいガイドラインに期待されます。ただ、債務整理をするわけですから、透明性、公平性、経済合理性は当然必要になると思います。加えて、新しいガイドラインを使うことによって無税償却が制度として可能であるとお墨付きを得ることになると、例えば大企業版の私的整理ガイドラインでは、国税庁照会を得るために厳格な手続を定めているということもあります。中小企業向けの新ガイドラインをどのようなコンセプトでつくるのかということについて、ここのパネリスト間でも意見が一致していないということだと思います。これについては、今後さらに検討していきたい、勉強していきたいと考えているところでございます。

3　平時の中小企業の健全経営のためのガイドラインとの関係

小林　次に移ります。最後になります。新しいガイドラインについて

は、先ほどの【Part1】で示された平時の場面も定められることが想定されています。加えて債務整理の場面も定められることが想定されます。経営者保証ガイドラインに近い形を想定しているわけですが、平時の場合の要件として、「正確な決算」と「誠実な対応（情報開示）」を定めた場合に、これが債務整理の段階での要件と同程度のものが要求されるのか、違う言い方をすれば、「正確な決算」や「誠実な対応（情報開示）」をしていない中小企業は、この債務整理の段階で、この新しいガイドラインの適用を受けられないことになってしまうのか、その点について御意見をお聞きしたいと思います。中野さん、いかがでしょうか。

中野　私は、平時と有事は別個に考えるべきだと思っております。例えばで申し上げますと、先代の社長が粉飾決算に手を染めていたと。そして、今の経営者がそれを正そうとしても、先代のプレッシャーであったり、あるいは実際にその粉飾を実行した部門からのプレッシャーのような、そういったものによって、なかなか正そうと思っても正せないという現実が続いている中で有事の状態になってしまったと。いわば今の経営者は誠実に何とかしようと思っているのだけれども、結果としてそうなっていないと。平時と有事の要件をそろえてしまうと、そういった経営者も、排除してしまうというようなことにもなりかねないと思っておりますので、私は個人的には、平時と有事は別個に考えるべきではないかなと思っております。

小林　髙井さん、いかがでしょう。

髙井　私も同じで、平時において行儀よくできたところしか有事のガイドラインの適用はないとすると、間口は非常に狭いわけなので、ここは別個に考えて、それぞれ、平時のときにそういう要件を満たした場合の有事の場合の、何か特典というものもあるのかもしれませんが、それとは別に有事の場合についての考え方、要件も別個につくっていくということがよいのではないかと思っております。

小林　藤原さん、いかがでしょうか。

藤原　これは自然と別々になるのでしょうね。平時のところはこうある

べきだということを、皆で確認する必要がある。そうは言うものの、さまざまな事情で有事に至るときはあるわけですから、そのときは、事業再生という観点から取り組むということでよいのだろうと思います。

第4　まとめ

小林　そろそろまとめでございます。中小企業や小規模事業者向けの新しい私的整理ガイドラインの必要性は十分あるということが今日のパネルディスカッションでも明らかになったと思います。ただ、どのような内容にするのかについては、難しい問題があって、今日このパネルディスカッションの場でも、各パネリストの間で意見が一致しておりませんでした。新しいガイドラインの内容については、今後さらに検討を進めていきたいと思います。それでは最後に、中小企業・小規模事業者に対する事業再生・事業清算について、パネリストの方から御意見を承って、このパネルディスカッションを終わりにしたいと思います。では、中野さんから。

中野　先ほどから貸倒引当金というお話を何回かさせていただいているのですが、最近の報道によりますと、金融機関全体の貸倒引当金が、直近期は前期に比べると3倍以上に膨れ上がっているというようなことのようです。というのは、とりもなおさず、事業者の皆さんの、経営状態が非常に悪化しているということだと思っておりますので、ぜひ新しいガイドラインが制定されることを私どもとしては望んでいるということでございます。

　本日は貴重な機会をいただきまして、まことにありがとうございました。

髙井　弁護士の髙井でございます。平時のときのディスカッションを含めて申し上げたいと思います。一気通貫して考えますと、金融機関として、いろいろ合理的にしなければいけない、それから金融機関自身のインセンティブに十分なものがないではないかという中で、中小企業としては、小規模事業者の問題、事業承継の問題、いろいろな問題がある状

況にあり、コミュニケーション等が非常に重要になって、信頼関係をどう築くかということが、平時も有事でも中心的なテーマなのだろうと思っております。ただ、有事の場合は特に待ったなしで対応しなければいけないところ、その対応において、今の状況ではなかなかコミュニケーションが難しい状況にあるとすれば、その架け橋としてガイドラインというものを築いていくということがあると思います。多分、平時においても、その架け橋として、ガイドラインというものを築いていくということかと思います。そうすると、ガイドラインはコミュニケーションの穴を埋めるものであると同時に、そのコミュニケーションをとるための手段であって、ガイドラインをとったからよいのだということではなくて、ガイドラインの適用を通じて、そこからまた信頼関係を築き直していく、そういったツールになるべきなのだろうと思っております。

　今日はどうもありがとうございました。

藤原　ここから先10年後、20年後の日本経済というか、金融機関、地域ということを考えた場合、現状のままで行けば、悲惨な結果になるのではないかと皆さん感じておられるのではないかと思います。このようなときこそ基本に立ち返るというか、原点に立ち返ることが大切なのだろうと思います。商売の基本は、「誠実と信頼」、それから金融の基本は、「貸出５原則」というか、「商業金融の基本」、ヒト、モノ、カネを見て商売に必要なカネを貸すということだろうと思います。「貸出５原則」とは、安全性、収益性、公共性、成長性、流動性、これらを一つひとつ確認していくことが必要だと思います。この辺が崩れてきてしまったために、このような状態に至ってしまったのではないかという気がしております。金融検査マニュアルがなくなることを受けて、今こそ、金融庁ではなく、中小企業サイド、あるいは地域金融機関サイドが一緒になって、新たな誠実な取引関係とは何かということを確認するような紳士協定を、民間でつくっていく、もちろん行政の後押しというか、一緒になってやっていただきたいのですが、やはり民間でそういうものをつくっていくということが必要ではないかと考えております。

　最後に、今の話も含めて、ちょっと私の思いが結構強いものですから、いろいろ言い過ぎた面もあるかと思いますが、御容赦いただけたらと思います。ありがとうございました。

小林　皆様、長時間のご清聴、どうもありがとうございました。

資料編

> ## 中小企業及び小規模事業者のための健全な経営に関するガイドライン（仮称）
> ## アンケート　集計結果

【調査目的】

事業再生研究機構では、2013年に「経営者保証に関するガイドライン」が誕生し、保証債務の在り方と整理に関する指針は示されたものの、①その前提となる中小企業の主債務（企業債務）の整理に関しては、中小企業再生支援協議会手続等特定の準則型私的整理の手続準則があるだけで、特定調停・純粋私的整理等の手続にも幅広く通用するガイドラインが未整備であること、②加えて早期再生と予防のためには「平時における経営の在り方」こそが重要であるとの考えから、それらを包含したガイドライン（指針）が必要ではないか、という問題意識を持っていた。このたび、この問題解決の一助とする目的から金融機関を中心とした多くの専門家の意見を参にする為、事業再生研究機構の会員ならびに金融機関をはじめとした認定支援機関に対し幅広くアンケートを実施したもの。

【調査対象】

事業再生研究機構（JABR）の会員
メガバンク・政府系金融機関・地方銀行・信用金庫、信用組合・信用保証協会
弁護士
公認会計士
税理士
コンサルタント
その他（サービサー他）

【回答数】

回答数　　　509

【調査期間】

2019年2月20日〜3月15日

【調査方法】

・郵送、メール、FAXによるアンケート用紙の送付

・郵送、メール、FAXによる回答
なお、アンケートの実施にあたっては、中小企業再生支援全国本部及び全国の
中小企業再生支援協議会のご協力を頂いている。

【留意事項】
アンケートの集計にあたっては、単回答のものについては回答数を分母として
表示、前の設問を受けての回答ならびに複数回答については回答者数を分母と
して表示している。

■回答者属性

回答者の属性	回答数	構成比
金融機関・信用保証協会	416	81.7%
税理士	46	9.0%
コンサルタント	20	3.9%
その他	9	1.8%
公認会計士	9	1.8%
弁護士	9	1.8%
合計	509	100.0%

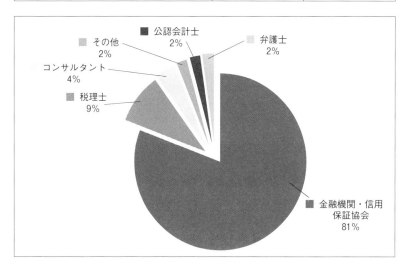

1. 中小企業・小規模事業者の事業再生・事業清算に関する質問

| (1) | 中小企業・小規模事業者数は357.8万社（2016年6月時点）であり、現在も事業者数の減少が続いているが、事業再生・事業清算の必要な中小企業者の状況についてどのように考えるか。 |

■アンケート結果

属性	回答数	①現在も、事業再生・事業清算が必要な中小企業者は多く存在する	②多くはないが将来は増加する	③現在も将来もさほど多くはならない
金融機関・信用保証協会	416	338	70	8
税理士	46	35	10	1
公認会計士	9	9	0	0
弁護士	9	9	0	0
コンサルタント	20	20	0	0
その他	9	9	0	0
計	509	420	80	9

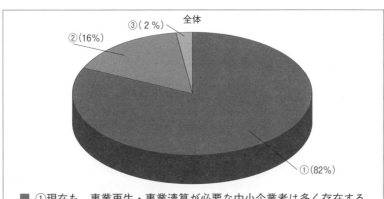

全体

②（16%）　③（2%）　①（82%）

■ ①現在も、事業再生・事業清算が必要な中小企業者は多く存在する
■ ②多くはないが将来は増加する
■ ③現在も将来もさほど多くはならない

1．中小企業・小規模事業者の事業再生・事業清算に関する質問

(2)	中小企業者の早期の事業再生・事業清算が十分に進んでいないとの見解があるが、これについてどう考えるか。

属性	回答数	① そう思う	② まあそう思う	③ あまりそうは思わない	④ 全くそうは思わない
金融機関・信用保証協会	416	165	231	19	1
税理士	46	31	11	2	2
公認会計士	9	2	7	0	0
弁護士	9	8	1	0	0
コンサルタント	20	15	5	0	0
その他	9	9	0	0	0
計	509	230	255	21	3

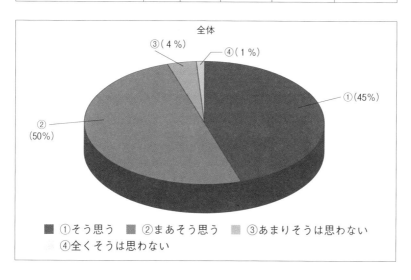

1．中小企業・小規模事業者の事業再生・事業清算に関する質問

(2)で①または②と回答された方

| (3) | 中小企業者の早期の事業再生・事業清算が思うように進んでいない主な要因は何か。 |

属性	回答数	① 事業者側の 問題	② 金融機関側 の問題	③ 双方の問題
金融機関・信用保証協会	396	64	2	330
税理士	42	8	3	31
公認会計士	9	1	0	8
弁護士	9	1	0	8
コンサルタント	20	0	3	17
その他	9	1	0	8
計	485	75	8	402

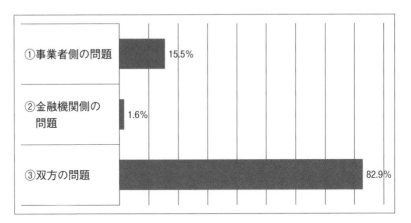

1．中小企業・小規模事業者の事業再生・事業清算に関する質問

⑶で①または③と回答された方

⑷	事業者側の要因と思われるものはどれか。（複数回答可）

属性	回答数	① 経営者の経営に関しての問題意識が低い	② 経営者責任・保証責任の回避	③ 金融機関との信頼関係が構築できていない（コミュニケーション不足）	④ その他
金融機関・信用保証協会	394	343	158	186	34
税理士	39	30	10	23	4
公認会計士	9	7	3	4	1
弁護士	9	8	4	5	1
コンサルタント	17	15	6	11	4
その他	9	3	4	7	3
計	477	406	185	236	47

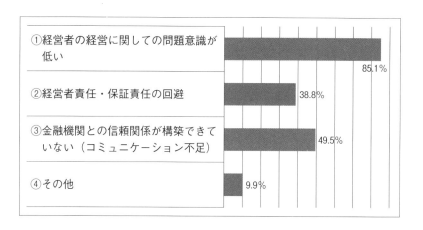

①経営者の経営に関しての問題意識が低い　85.1%

②経営者責任・保証責任の回避　38.8%

③金融機関との信頼関係が構築できていない（コミュニケーション不足）　49.5%

④その他　9.9%

1．中小企業・小規模事業者の事業再生・事業清算に関する質問

(3)で②または③と回答された方

(5)	金融機関側の要因と思われるものはどれか。（複数回答可）

属性	回答数	① 金融機関の事業性評価等に基づいた理解が不十分	② 引当（体力）不足や本業収益の悪化など金融金貨の外部環境	③ 支援ノウハウ・支援人材の不足	④ 事業者（経営者）との信頼関係が構築できていない（コミュニケーション不足）	⑤ その他
金融機関・信用保証協会	332	136	159	266	182	24
税理士	34	19	8	16	21	3
公認会計士	8	2	2	6	6	0
弁護士	8	4	4	7	6	1
コンサルタント	20	10	8	14	10	4
その他	8	5	3	4	7	2
計	410	176	184	313	232	34

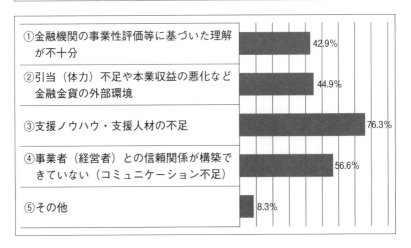

①金融機関の事業性評価等に基づいた理解が不十分　42.9%

②引当（体力）不足や本業収益の悪化など金融金貨の外部環境　44.9%

③支援ノウハウ・支援人材の不足　76.3%

④事業者（経営者）との信頼関係が構築できていない（コミュニケーション不足）　56.6%

⑤その他　8.3%

1．中小企業・小規模事業者の事業再生・事業清算に関する質問

(6)	準則型の私的整理手続として現在の制度（特に中小企業再生支援協議会）で十分と思うか。

属性	回答数	① 中小企業者の事業再生（債務整理）の手続としては、中小企業再生支援協議会が十分に機能しており、現在の制度で十分である	② 現在の制度だけでは不十分である
金融機関・信用保証協会	416	200	216
税理士	46	8	38
公認会計士	9	2	7
弁護士	9	2	7
コンサルタント	20	9	11
その他	9	1	8
計	509	222	287

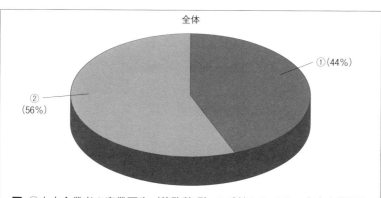

全体

①（44%）

②
（56%）

■ ①中小企業者の事業再生（債務整理）の手続としては、中小企業再生
　支援協議会が十分に機能しており、現在の制度で十分である
▨ ②現在の制度だけでは不十分である

1．中小企業・小規模事業者の事業再生・事業清算に関する質問

(6)で②と回答された方

| (7) | 現在の制度だけでは不十分とする理由は。（複数回答可） |

属性	回答数	① 現在だけでなく将来も含め、事業再生が必要な中小事業者は多数あり、中小企業再生支援協議会だけで対応できる規模ではなく、現在の制度だけでは不十分である	② 中小企業再生支援協議会の能力が区々であり、地域によっては機能しているとはいえず、現在の制度だけでは不十分である	③ 中小企業再生支援協議会は、金融機関寄りと感じられる側面があり、中小企業者の直接利用が少ないなどの問題があり、現在の制度だけでは不十分である	④ その他
金融機関・信用保証協会	216	162	64	35	36
税理士	38	23	14	16	6
公認会計士	7	6	3	0	0
弁護士	7	3	4	3	1
コンサルタント	11	7	5	5	4
その他	8	7	4	1	3
計	287	208	94	60	50

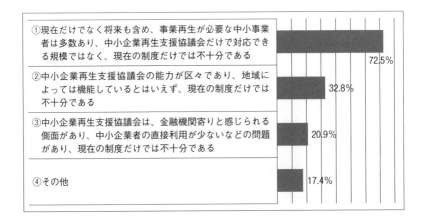

1. 中小企業・小規模事業者の事業再生・事業清算に関する質問

(8)	中小企業者向けの私的整理ガイドライン策定の必要性についてどう思うか。

属性	回答数	① そう 思う	② まあそう 思う	③ あまりそう は思わない	④ 全くそうは 思わない
金融機関・信用保証協会	416	129	218	67	2
税理士	46	19	19	6	2
公認会計士	9	3	4	2	0
弁護士	9	6	2	1	0
コンサルタント	20	9	7	4	0
その他	9	6	3	0	0
計	509	172	253	80	4

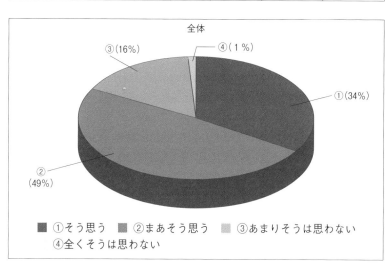

全体

③(16%)　④(1%)　①(34%)　②(49%)

■ ①そう思う　■ ②まあそう思う　■ ③あまりそうは思わない
④全くそうは思わない

1．中小企業・小規模事業者の事業再生・事業清算に関する質問

(8)で①または②と回答された方

(9)	中小企業者向けの私的整理ガイドライン策定を必要と考える理由として近いものは。(複数回答可)

属性	回答数	① 既存の準則型私的整理手続では対処しきれない中小企業・小規模事業者について幅広く対応できるガイドラインが必要である	② 債務整理局面だけでなく、平常時における中小企業者の健全経営を促すガイドラインが必要である	③ その他
金融機関・信用保証協会	347	185	251	9
税理士	38	21	20	1
公認会計士	7	7	3	0
弁護士	8	8	2	0
コンサルタント	16	11	10	1
その他	9	7	7	1
計	425	239	293	12

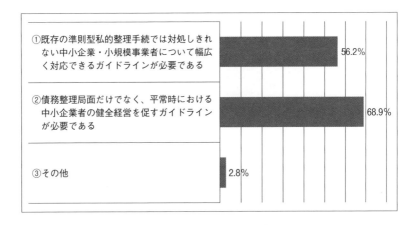

2. 平常時における中小企業等の在り方に関する質問

(1)	中小企業者に求める「正確な決算」「誠実な対応（情報開示）」のレベル感は。

属性	回答数	① 法人税等確定申告書に添付した決算書のみ	② ①の決算書のみでなく法人税等確定申告書一式	③ ②に加えて金融機関毎の預金及び借入金の残高証明書	④ ③に加え、資金繰り表	⑤ その他
金融機関・信用保証協会	416	2	126	73	191	24
税理士	46	2	16	12	9	7
公認会計士	9	0	4	2	3	0
弁護士	9	0	3	2	4	0
コンサルタント	20	1	4	7	6	2
その他	9	0	0	1	7	1
計	509	5	153	97	220	34

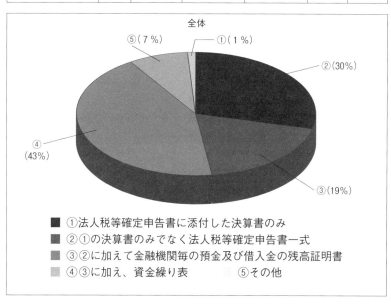

全体

⑤（7％）　①（1％）　②（30％）

④（43％）

③（19％）

■ ①法人税等確定申告書に添付した決算書のみ
■ ②①の決算書のみでなく法人税等確定申告書一式
■ ③②に加えて金融機関毎の預金及び借入金の残高証明書
■ ④③に加え、資金繰り表　　⑤その他

2．平常時における中小企業等の在り方に関する質問

(2) (ア)	減価償却不足や長期滞留売掛金、長期滞留在庫の計上は不適切ではあるものの、経営者保証ガイドラインの適用を否定する粉飾とは考えない。

属性	回答数	① そう 思う	② まあそう 思う	③ あまりそう は思わない	④ 全くそうは 思わない
金融機関・信用保証協会	416	61	198	122	35
税理士	46	15	12	12	7
公認会計士	9	4	3	0	2
弁護士	9	5	3	1	0
コンサルタント	20	9	2	4	5
その他	9	6	2	1	0
計	509	100	220	140	49

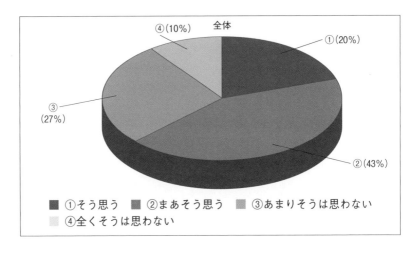

全体

④(10%)
①(20%)
③(27%)
②(43%)

■ ①そう思う　■ ②まあそう思う　■ ③あまりそうは思わない
■ ④全くそうは思わない

2. 平常時における中小企業等の在り方に関する質問

(2) (イ)	架空売上の計上や架空在庫の計上はあきらかな粉飾であるが、粉飾に至った事情等も考慮して経営者保証ガイドラインの適用の当否を判断する。

属性	回答数	① そう 思う	② まあそう 思う	③ あまりそう は思わない	④ 全くそうは 思わない
金融機関・信用保証協会	416	29	108	167	112
税理士	46	8	14	9	15
公認会計士	9	1	4	1	3
弁護士	9	4	2	3	0
コンサルタント	20	5	5	3	7
その他	9	4	1	2	2
計	509	51	134	185	139

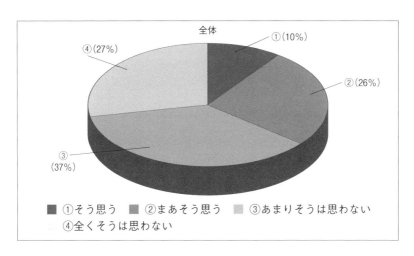

全体

①(10%)
②(26%)
③(37%)
④(27%)

■ ①そう思う　■ ②まあそう思う　▨ ③あまりそうは思わない
④全くそうは思わない

2．平常時における中小企業等の在り方に関する質問

(2) (ウ)	金融機関別に異なる決算書を提出したり、預金残高や借入金残高を偽っていた場合は悪質な粉飾であり、粉飾に至った事情等を考慮しても経営者保証ガイドラインの適用は認めない。

属性	回答数	① そう 思う	② まあそう 思う	③ あまりそう は思わない	④ 全くそうは 思わない
金融機関・信用保証協会	416	326	76	10	4
税理士	46	34	7	2	3
公認会計士	9	5	2	1	1
弁護士	9	2	6	1	0
コンサルタント	20	17	1	1	1
その他	9	7	2	0	0
計	509	391	94	15	9

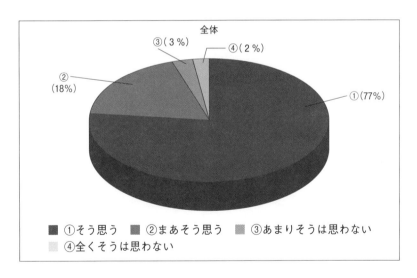

全体

③（3％）　④（2％）

②（18％）

①（77％）

■ ①そう思う　■ ②まあそう思う　■ ③あまりそうは思わない
■ ④全くそうは思わない

2. 平常時における中小企業等の在り方に関する質問

(3)	「正確な決算」「誠実な対応（情報開示）」を実現する方法として顧問税理士等の外部専門家の活用が考えられるが、具体的な方法のうち望ましいのは。（複数回答可）

属性	回答数	①顧問税理士が書面添付制度を活用	②顧問税理士が税務署に提出した税務申告書及び附属明細と同じものであること、金融機関別の預金残高、借入金残高に間違いないことを確認	③その他
金融機関・信用保証協会	416	235	262	27
税理士	46	24	21	10
公認会計士	9	4	1	4
弁護士	9	6	4	0
コンサルタント	20	7	15	1
その他	9	6	6	1
計	509	282	309	43

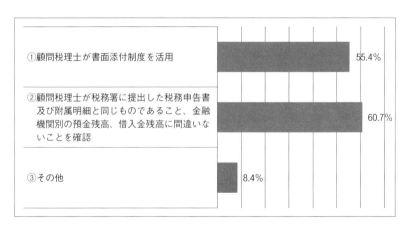

- ①顧問税理士が書面添付制度を活用　55.4%
- ②顧問税理士が税務署に提出した税務申告書及び附属明細と同じものであること、金融機関別の預金残高、借入金残高に間違いないことを確認　60.7%
- ③その他　8.4%

2．平常時における中小企業等の在り方に関する質問

(4)	「正確な決算」「誠実な対応（情報開示）」を実現するには、一定の時間をかけて徐々に改善することが肝要との意見があるが、これをどう思うか。

属性	回答数	① そう 思う	② まあそう 思う	③ あまりそう は思わない	④ 全くそうは 思わない
金融機関・信用保証協会	416	111	199	88	18
税理士	46	18	15	8	5
公認会計士	9	2	2	4	1
弁護士	9	4	4	1	0
コンサルタント	20	10	5	1	4
その他	9	6	2	1	0
計	509	151	227	103	28

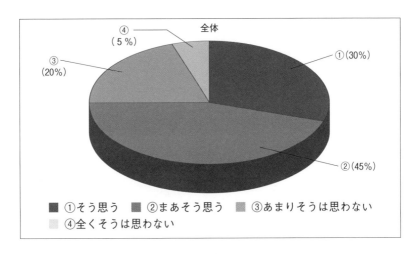

全体

④（5％）
③（20％）
①（30％）
②（45％）

■ ①そう思う　■ ②まあそう思う　■ ③あまりそうは思わない
■ ④全くそうは思わない

2．平常時における中小企業等の在り方に関する質問

⑷で①または②と回答された方

(5)	「正確な決算」「誠実な対応（情報開示）」を一定の時間をかけて徐々に改善する方策としてどの方策が有効と考えるか。

属性	回答数	① 不適切会計の是正に3年程度の猶予を与え、その是正する期間には原則として不利益な取扱いはしないといった特例対応	② 段階を踏んで改善していく対策	③ その他
金融機関・信用保証協会	310	89	209	12
税理士	33	11	17	5
公認会計士	4	1	2	1
弁護士	8	5	3	0
コンサルタント	15	9	4	2
その他	8	2	6	0
計	378	117	241	20

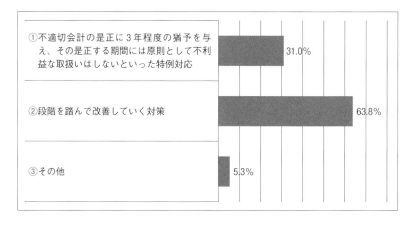

①不適切会計の是正に3年程度の猶予を与え、その是正する期間には原則として不利益な取扱いはしないといった特例対応　31.0%

②段階を踏んで改善していく対策　63.8%

③その他　5.3%

2．平常時における中小企業等の在り方に関する質問

	平時からの中小事業者と金融機関との信頼関係を高める取組みとして、認定支援機関による経営改善支援、早期経営改善支援の利用を通じて管理会計の導入、事業計画の作成等を行う取組みについてどう思うか。
(6)	

属性	回答数	① そう思う	② まあそう思う	③ あまりそうは思わない	④ 全くそうは思わない
金融機関・信用保証協会	416	207	188	19	2
税理士	46	24	16	4	2
公認会計士	9	4	4	1	0
弁護士	9	5	3	1	0
コンサルタント	20	15	3	1	1
その他	9	6	3	0	0
計	509	261	217	26	5

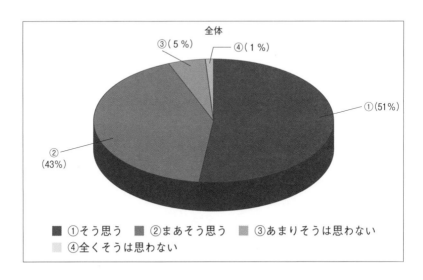

2．平常時における中小企業等の在り方に関する質問

(7)	中小企業が「正確な決算」と「誠実な対応（情報開示）」を行うよう努めた場合、金融機関として企業に対してどのようなインセンティブが検討できるか。（複数回答可）

属性	回答数	① 当然のことでメリットを与える必要はない	② 一定の条件付で経営者保証GLの有資格者として扱う	③ 粉飾等が悪質でなく、私的整理手続が検討可能であれば回収活動を控える	④ 経営支援を積極的に行う	⑤ 資金繰り支援を検討する	⑥ 事業再生に際し、前向きに検討する	⑦ その他
金融機関・信用保証協会	416	111	107	76	262	164	200	7
税理士	46	8	15	14	19	25	19	0
公認会計士	9	1	2	1	5	4	5	0
弁護士	9	0	5	5	7	3	6	0
コンサルタント	20	2	9	7	11	11	12	1
その他	9	2	4	4	5	4	5	0
計	509	124	142	107	309	211	247	8

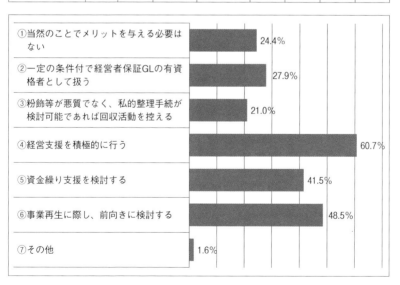

- ①当然のことでメリットを与える必要はない　24.4%
- ②一定の条件付で経営者保証GLの有資格者として扱う　27.9%
- ③粉飾等が悪質でなく、私的整理手続が検討可能であれば回収活動を控える　21.0%
- ④経営支援を積極的に行う　60.7%
- ⑤資金繰り支援を検討する　41.5%
- ⑥事業再生に際し、前向きに検討する　48.5%
- ⑦その他　1.6%

3．条件付き経営者保証に関する質問

(1)	中小企業者については経営者保証が必要であると言う考えがあるが、これについてどのように考えるか。

属性	回答数	① 正しい	② 正しい側面もあるが、経営者保証GLの趣旨に条件に照らして保証解除を行う条件について検討する必要がある	③ 誤りである	④ その他
金融機関・信用保証協会	416	67	340	1	8
税理士	46	3	39	3	1
公認会計士	9	0	6	2	1
弁護士	9	1	7	1	0
コンサルタント	20	0	17	2	1
その他	9	1	6	2	0
計	509	72	415	11	11

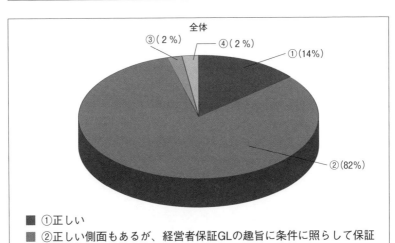

全体

③（2％）　④（2％）　①（14%）

②（82%）

■ ①正しい
■ ②正しい側面もあるが、経営者保証GLの趣旨に条件に照らして保証
　解除を行う条件について検討する必要がある
■ ③誤りである
■ ④その他

3．条件付き経営者保証に関する質問

⑴で①または②と回答された方

⑵	条件付き経営者保証の活用を検討するか。

属性	回答数	① 検討 している	② 検討 していない	③ その他
金融機関・信用保証協会	407	127	235	45
税理士	42	3	5	34
公認会計士	6	1	1	4
弁護士	8	1	0	7
コンサルタント	17	1	1	15
その他	7	1	0	6
計	487	134	242	111

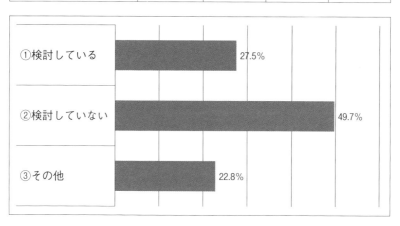

3．条件付き経営者保証に関する質問

(2)で①と回答された方

(3)	どのような環境が整えば、条件付き経営者保証を活用するか。（複数回答可）

属性	回答数	① 契約書類について、金融業界における一定のコンセンサスが得られた書式が提供された場合	② 参考となる事例報告に接することができたとき	③ その他
金融機関・信用保証協会	127	110	15	2
税理士	3	0	3	0
公認会計士	1	1	0	0
弁護士	1	1	0	0
コンサルタント	1	0	0	1
その他	1	0	1	0
計	134	112	19	3

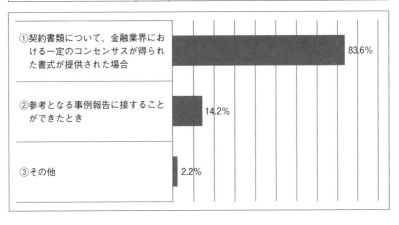

①契約書類について、金融業界における一定のコンセンサスが得られた書式が提供された場合　83.6%

②参考となる事例報告に接することができたとき　14.2%

③その他　2.2%

4. 債務整理局面（有事）における準則に関する質問

| (1) | 中小企業者向け私的整理手続の準則として中小企業再生支援協議会手続が一般的になっていると思うか。 |

属性	回答数	①そう思う	②まあそう思う	③あまりそうは思わない	④全くそうは思わない
金融機関・信用保証協会	416	141	226	49	0
税理士	46	12	16	16	2
公認会計士	9	2	6	1	0
弁護士	9	3	4	2	0
コンサルタント	20	12	6	2	0
その他	9	3	3	3	0
計	509	173	261	73	2

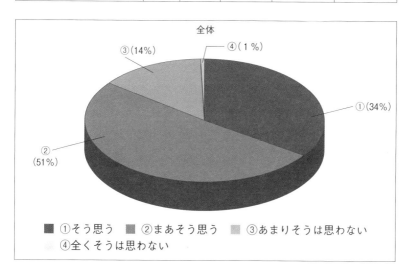

4. 債務整理局面（有事）における準則に関する質問

(1)で①または②と回答された方

(2)	中小企業再生支援協議会の手続における数値基準についてどう思うか。

属性	回答数	① 適切で ある	② まあ適切 だと思う	③ あまり適切 ではない	④ 全く適切で はない
金融機関・信用保証協会	367	68	261	37	1
税理士	28	8	19	0	1
公認会計士	8	0	7	1	0
弁護士	7	2	5	0	0
コンサルタント	18	4	11	3	0
その他	6	1	3	2	0
計	434	83	306	43	2

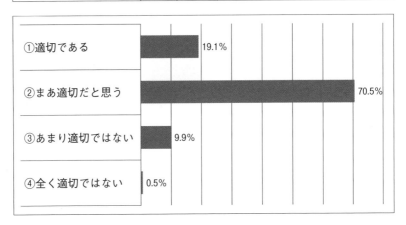

①適切である　19.1%

②まあ適切だと思う　70.5%

③あまり適切ではない　9.9%

④全く適切ではない　0.5%

4．債務整理局面（有事）における準則に関する質問

(3)	小規模事業者に対して中小企業再生支援協議会の数値基準を適用するのは厳しすぎるのではないかといった指摘があるが、これについてどう思うか。

属性	回答数	① そう 思う	② まあそう 思う	③ あまりそう は思わない	④ 全くそうは 思わない
金融機関・信用保証協会	416	71	193	146	6
税理士	46	12	21	10	3
公認会計士	9	4	5	0	0
弁護士	9	2	4	3	0
コンサルタント	20	7	5	8	0
その他	9	3	3	3	0
計	509	99	231	170	9

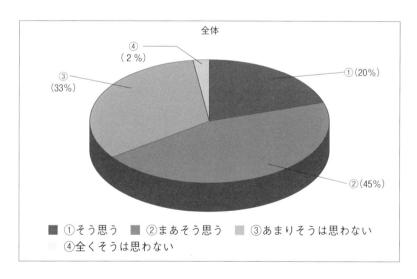

全体

④（2％）
③（33％）
①（20％）
②（45％）

■ ①そう思う　■ ②まあそう思う　■ ③あまりそうは思わない
■ ④全くそうは思わない

4．債務整理局面（有事）における準則に関する質問

(3)で①または②と回答された方

(4)	小規模事業者向けの数値基準を定める場合、考えられる基準として近いのは。

属性	回答数	① キャッシュフローがプラスであり、滞納税金や労働債務の支払遅延が生じていない	② キャッシュフローがプラスである	③ その他
金融機関・信用保証協会	264	240	13	11
税理士	33	19	12	2
公認会計士	9	6	1	2
弁護士	6	5	1	0
コンサルタント	12	9	2	1
その他	6	4	1	1
計	330	283	30	17

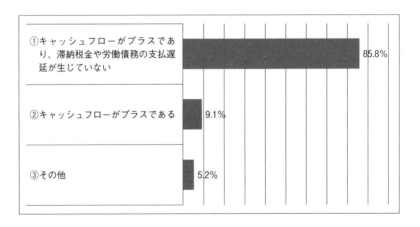

中小企業及び小規模事業者のための健全な経営に関するガイドライン（仮称）
アンケート　集計結果
自由意見・コメント　編

1．中小企業・小規模事業者の事業再生・事業清算に関する質問

⑷　事業再生・事業清算が進まない理由で「事業者側」の要因とした理由等

金融機関・信用保証協会

事業者側では「新規借入をしないのだから、利息支払が遅れなければ再リスケに応じてくれるのが当然」と考えている事業者が多い。また、金融機関の改善支援活動に対し、受入姿勢の乏しい事業者も多い。

コンサルタント

中小企業のオーナー経営者は多かれ少なかれ、会社は「自分のもの」と考える傾向が強く、致命的に追い込まれないとアクションを起こさないケースが多い。

⑸　事業再生・事業清算が進まない理由で「金融機関側」の要因とした理由等

金融機関・信用保証協会

経営者に対して廃業を進めた場合の金融機関としての風評が懸念される。

金融機関・信用保証協会

メインバンクとしての関係が希薄化しており、問題発生時の対処やインターバンクでの主導的役割などを整えようとしない（出来ない）ケースが散見される。

コンサルタント

金融緩和による過剰な融資姿勢と事業性評価、優越的地位の濫用回避の風潮の中、債権者として当然なすべきガバナンスを行っていないことによる経営者のモラルハザード助長に尽きる。

コンサルタント

金融機関側にインセンティブがないこと。

金融機関・信用保証協会

方針や期限を設定せず漫然とリスケを繰り返している金融機関が存在する。こういった金融機関がメインバンクの場合、支援協議会が関与した3年間の暫定リスケ中にも金融機関の方針や覚悟が示されない。業績不振理由を事業者やコンサルに責任転嫁し、出口の見えないリスケ状況に陥っている。

(7) 事業再生・債務整理の制度設計および中小企業再生支援協議会に関しての意見等 −①

金融機関・信用保証協会

後継者不在の零細企業が多く、これらの廃業が潜在している。この廃業支援を行うには現行の体制では不十分と思われる。

金融機関・信用保証協会

事業者の規模や金融債務額によっては、現在の支援協議会による手続よりもっと簡易・機動的な手続の制度が必要。

金融機関・信用保証協会

事業再生・事業清算に対するインセンティブが不十分（債権者側のコスト負担に対する見返りが少ない）。

金融機関・信用保証協会

REVICの使命が大きく変わっており、大規模案件の受け皿が必要。

税理士

協議会に対する敷居が高い。もっと小規模業者に集中して対応できるような組織が必要ではないか。

金融機関・信用保証協会

再生支援協議会の説得が不十分なケース、または協議会の役割が金融機関の調整にとどまり、予定調和的な出口になるケースが多い。私的整理のために多くの窓口ルートを作るのではなく、協議会機能の拡充により、一層有益な支援体制ができないものか。

金融機関・信用保証協会

支援協議会での個別案件への関与度合いにバラつきがある。
全体方針の影響からか一時期、抜本案件の単なる積み上げと見られる動きが見られた。

金融機関・信用保証協会

暫定リスケは自力再生のラストチャンスといいつつ、計画未達となっても関与を継続し、先行きが見えないままとなっている中小企業も多く見受けられる。

(7) 事業再生・債務整理の制度設計及び中小企業再生支援協議会に関しての意見等 − ②

金融機関・信用保証協会

再生支援協議会の取組みは再生ではなく延命が主要目的になっているように感じる。

金融機関・信用保証協会

再生支援協議会が関与を決定するうえで、一定以上の規模の企業であることが求められているように感じられるが、ごく小規模で協議会に支払う費用の負担も困難である企業に対する支援体制が整っていないように思われる。

金融機関・信用保証協会

金融調整面では十分な機能を果たしているが、支援スキームの選択については、協議会側の思惑が透けて見えることがあり、その説明は十分行う必要があると感じる。

金融機関・信用保証協会

制度を増やすだけでは手続が煩雑化するだけ。再生支援協議会の人員を増加させるなど充実化を優先すべき。

金融機関・信用保証協会

再生計画策定困難で関与不可と判断された債務者が多数ゼロリスケ等で延命中。
再生可否を分析／検討する枠組みを整備し、廃業等を視野に入れた選択を促す機関や仕組みが必要。

金融機関・信用保証協会

中小企業再生支援協議会とREVIC、事業再生ADRとの中間があれば良い。

(9) 中小企業者向けの私的整理ガイドラインの策定必要性の意見等

税理士

ガイドラインに法的な拘束力が担保されていないと金融機関の利益優先となってしまう。

コンサルタント

連帯保証人のガイドラインはあるが、主たる債務者である中小企業のガイドラインが存在しないのは片手落ち、今までこのようなガイドラインが無かった方が不思議。

弁護士

私的整理手続は千差万別であり、準則型私的整理手続にあてはめようとするだけでは不十分であり、制度化された私的整理手続から漏れる純粋私的整理についても、機能できるようなガイドラインが必要。
その為にはあまり厳格な手続にしないで、伝統的な当事者同士の話し合いを中心とした（第三者機関が存在しない）ガイドラインにする必要がある。

2．平常時における中小企業等の在り方に関する質問

(1)　中小企業者に求める「正確な決算」と「誠実な対応（情報開示）」の内容についての意見等

金融機関・信用保証協会

法人税等確定申告書一式及び預金、借入金の残高証明書、資金繰り表、工事受注明細、期中の試算表（前年同月比）等の提出も欲しい。

金融機関・信用保証協会

適時適切な情報開示として試算表と資金繰り表を提出していただけるだけでも助かる。

税理士

企業から金融機関へのメッセージとして資金繰り表の提出は有効である。

金融機関・信用保証協会

法人税等確定申告書一式の提出は必要であるが、それ以上に事業者が決算の中身について理解が乏しいケースが散見され、PLの売上と利益しか見ていないことが多く、正確な決算であっても誠実な対応になっていないことが多い。

公認会計士

現預金と借入金残高が正しければ、CF計算書の財務CFと当期資金増減額は正しく、仮にその他の項目で粉飾を行ってもFCFは正しいのでFCFの推移を見て行く事が有効。

金融機関・信用保証協会

厳しい判断を求められる場合は総勘定元帳の提出も必要。

金融機関・信用保証協会

法人税等確定申告書一式及び預金、借入金の残高証明書、資金繰り表に加え、完成工事明細や手持工事明細等の補足説明資料の提出が必要。

> **金融機関・信用保証協会**
>
> 各取引金融機関に同一の決算書を提示していることを確認できる仕組みがあればなお良いと思う。

(3) 「正確な決算」と「誠実な対応（情報開示）」を実現する方法としての外部専門家の活用についての意見等

> **金融機関・信用保証協会**
>
> 顧問税理士側でも資金繰り等の把握に努め、異常事態を確認したら随時、金融機関に報告したり対話の機会を設けたりすることが望ましい。

> **金融機関・信用保証協会**
>
> 顧問税理士とは定性面での情報交換が必要。

> **税理士**
>
> 書面添付制度は税務執行の一層の円滑化、簡素化を図る目的であり、適正な決算をやったかどうかは、むしろ中小企業会計要領に従い決算を行ったかを中小企業会計要領チェックリストにより確認すべき。

> **税理士**
>
> 中小企業会計要領に税理士として意見書を記入する。

> **金融機関・信用保証協会**
>
> 粉飾決算について顧問税理士が加担していた場合には有効な方法が難しい。

> **その他**
>
> 金融機関と顧問税理士の定期的な面談を促すような仕組みを税理士会と銀行協会で検討すべきではないか。

> **税理士**
>
> 税理士の大部分が対金融機関よりは対税務署の認識であるため、正しい決算書を作成、指導するモチベーションがあまりないように思われる。

金融機関・信用保証協会

税務上正しい決算としても、税務当局と金融機関では決算に対する見方が異なるので、税務だけ適正と言うのはどうかと思う。
税務当局は損失計上には保守的だが金融機関は逆に想定されるリスクは損失認識したいはず。

---

(5) 「正確な決算」と「誠実な対応（情報開示）」を一定の時間をかけて徐々に改善する方策についての意見等

金融機関・信用保証協会

悪質な粉飾決算を行っている法人等に対しては徐々に改善させるといった時間的猶予を与える必要はない。

税理士

粉飾が多いと言われている建設業では公共事業の経営審査でも粉飾是正に関して不利益な取扱いをしない対応が必要。

税理士

一定の時間をかけると更に問題が大きくなるケースが多くある。よって経営者、金融機関、税理士が共通認識の下、ただちに改善を図ることが必要。

公認会計士

明らかな不適切会計については徐々に改善とすると単なる問題先送りとなる可能性も高いため、経営者が覚悟を決めて短期で改善させるべき。

弁護士

粉飾の内容について自己申告したのであれば「正確な決算」内容の把握も可能となるし、過去は別として現時点では「誠実な対応」をしたと言えるのではないか。

金融機関・信用保証協会

金融機関、顧問税理士も帯同して定期的にモニタリングや意見交換を行い、経営者とのコミュニケーションを行う。

(7) 平常時において中小企業が「正確な決算」と「誠実な対応（情報開示）」を行うよう努めた場合のインセンティブについての意見等

金融機関・信用保証協会

恩恵を受けることだけを考える事業者や税理士が出てくる可能性があるので、正確な決算、誠実な対応だけをもって恩恵を与えることは控えたい。

税理士

メリットを与えるよりデメリットが少ないほうが問題。

金融機関・信用保証協会

損益状況・財務状況の実態把握を含めた経営課題の洗い出しと経営者との認識共有をはかり、経営改善計画の策定や抜本再生を図っていくためには、経営実態の情報開示や具体的改善策の立案について誠実に取り組もうとしている債務者に対し、経営改善に向けた支援や「経営者保証ガイドライン適用の機会」を与えないと入口の実態把握そのものが困難となる。

3．条件付き経営者保証に関する質問

(1) 中小企業者については経営者保証が必要であるという考えについての意見等

金融機関・信用保証協会

平成25年12月の経営者保証ガイドラインの公表を受け、翌1月から経営者保証についてこれまでの「原則として取得する」から「保証を求めない可能性を検討する」と言う考え方に転換している。

金融機関・信用保証協会

中小企業と経営者と言う考え方もあるが、一定の要件のもとで経営者保証を求めないことにより、経営の幅が広がり企業の成長につながることも考えられる。

金融機関・信用保証協会

中小企業においては経営者保証により自覚と責任が生じると考える。

コンサルタント

経営者の規律を正す趣旨であれば融資契約のコベナンツを付与すればよい。コベナンツの意味を経営者が理解しないのなら啓蒙活動に力を入れるべき。

金融機関・信用保証協会

中小企業は経営者やオーナー株主との不可分性が高い、つまり、会社が赤字でも経営者が高額の役員報酬を得ていたり、配当で保有資産を毎期積み上げていれば、与信管理は当然に一体で実態判断すべき。

金融機関・信用保証協会

中小企業の場合、「経営者＝企業」である側面は否めず、条件付き経営者保証の取扱いについては個々の事情によって検討していくべき。

金融機関・信用保証協会

会社経営における法令順守に対する規律付けや、財務データの信頼性を担保させるためなど一定の有用性が認められるので一律、経営者保証を排除するのではなく、個別案件毎に判断すべきと考えるから。

税理士

特に事業承継時に後継者が経営者保証をためらう場合が多い。

(2) 条件付き経営者保証の活用に関しての意見等

金融機関・信用保証協会

中小企業者の決算においては脆弱な面もあり、コベナンツ等の要件を付けた場合、毎期条件が履行できるか課題があると考え、一律に条件付き経営者保証を活用せずケースバイケースでの対応が必要であると思われる。

金融機関・信用保証協会

平成26年6月にあらかじめ特約条項（コベナンツ）を設定し、コベナンツに抵触しない限りは保証債務の効力が発生しない保証契約の運用を行っている。

金融機関・信用保証協会

条件付き経営者保証は実務的に管理負担が大きすぎる。

金融機関・信用保証協会

管理が困難でコンセンサスが得にくい。

4．債務整理局面（有事）における準則に関する質問

(1) 中小企業向け私的整理手続の準則として中小企業再生支援協議会が一般的になっているかに関しての意見等

金融機関・信用保証協会

財務の毀損度が比較的低く、金融機関への金融支援要請内容がリスケに留まる場合は利害調整のスピードアップ効果はあり、一般的になりつつあるが支援レベルがあがると事業再生ADRを検討すべきかと思う。

(2) 中小企業再生支援協議会の手続における数値基準に関しての意見等

金融機関・信用保証協会

数値基準ギリギリの計画も多く、次の成長戦略を描ける見通しが立たない計画が同意成立してきた懸念が強い。

(3) 小規模事業者向けの数値基準を定める場合の基準に関しての意見等

金融機関・信用保証協会

中小企業再生支援協議会の数値基準よりも少し緩やかな基準を設けるべき（緩和すべき）。

その他

キャッシュフローがプラスで滞納税金や労働債務の支払遅滞がないのが理想だが、2～3年程度で遅滞が解消されるという数値基準の運用を期待。

金融機関・信用保証協会

規模や財務状況に応じて、支援協議会の数値基準からピックアップまたは緩和して適用する。

金融機関・信用保証協会

再生計画における金融機関要請は衡平性の観点からプロラタ応分があるべき姿。ただ、成立後の残債について、債権買取り機能を持った機関が査定する現在価値に基づきまとめて買取りを行うオプションが整備されれば、より銀行整理が進み業績改善局面における金融正常化もスピードアップするのではないか。

金融機関・信用保証協会

CFがプラスである、あるいは早期にプラスになることが確認できること。滞納税金や簿外債務が存在していたとしても、早期に解消出来ること（DIP融資の活用も含めて）。

金融機関・信用保証協会

基準にあった計画策定が出来ない債務者は、事業継続可否を改めて見直すべき。

中小企業等の健全な経営に関する
新しいガイドラインの課題と展望

2020年1月20日　初版第1刷発行

編　　者　　事業再生研究機構

発 行 者　　小　宮　慶　太

発 行 所　　㈱ 商 事 法 務
　　　　　　〒103-0025 東京都中央区日本橋茅場町3-9-10
　　　　　　TEL 03-5614-5643・FAX 03-3664-8844〔営業部〕
　　　　　　TEL 03-5614-5649〔書籍出版部〕
　　　　　　https://www.shojihomu.co.jp/

落丁・乱丁本はお取り替えいたします。　印刷／そうめいコミュニケーションプリンティング
©2020 事業再生研究機構　　　　　　　　　　　Printed in Japan
Shojihomu Co., Ltd.
ISBN978-4-7857-2765-9
＊定価はカバーに表示してあります。